Souvenirs des jours sombres

Le génocide arménien
Un pasteur alsacien témoigne

Paul BERRON

Souvenirs des jours sombres

Le génocide arménien
Un pasteur alsacien témoigne

Traduit de l'allemand par Francis Bezler
Annoté par Francis Bezler et Cécile Bezler

L'Harmattan

Cet ouvrage est la traduction intégrale
de l'opuscule en langue allemande
Erinnerungen aus dunklen Tagen
herausgegeben von der *Action Chrétienne en Orient*
Graffenstaden bei Strassburg, 1929

5-7, rue de l'École-Polytechnique, 75005 Paris
www. harmattan.com
diffusion.harmattan@wanadoo.fr
harmattan1@wanadoo.fr
ISBN : 978-2-343-06824-4
EAN : 9782343068244

Le traducteur remercie
l'*Action Chrétienne en Orient*
pour son agrément.

PRÉFACE

L'auteur de ces ***Souvenirs des jours sombres,*** témoignage de première main sur le génocide arménien, s'appelait Paul Berron. Il naquit à Lützelstein (aujourd'hui La-Petite-Pierre) en Alsace du nord, en l'an 1887. À cette date, l'Alsace, et une partie de la Lorraine (l'actuel département de la Moselle), faisaient partie de l'Empire allemand, depuis la guerre franco-prussienne de 1870-1871 et la défaite des armées de Napoléon III. Cette « Alsace-Lorraine » ne devait retourner dans le giron de la République française qu'après la Première Guerre mondiale (1914-1918) et la défaite de l'Empire allemand.

Le père de Paul Berron était pasteur de l'Église luthérienne d'Alsace. Paul avait deux frères, qui devinrent tous les deux pasteurs ; et une sœur, qui épousa un pasteur. Paul devint pasteur.

Il fit ses études à Strasbourg (1906-1908, 1909-1914), à la *Kaiser-Wilhelms-Universität* comme on disait alors dans les milieux officiels, et à l'université de Halle, en Allemagne (1908-1909). À l'époque où Paul Berron entreprend ses études, un autre Alsacien, son aîné de quelques années, personnalité marquante de la Faculté de théologie protestante et théologien d'un certain renom, Albert Schweitzer, futur prix Nobel de la paix (1952), est encore à Strasbourg, en train de s'engager dans la voie qui allait le conduire à quitter le milieu douillet de l'Université pour partir au loin, en Afrique noire, au Gabon, alors colonie française, et débarquer finalement à Lambaréné. Là, il allait fonder un hôpital de brousse et devenir, des années plus tard, le médecin mondialement célèbre que l'on sait.

Paul Berron sent, lui aussi, l'appel du large. Mais il brûle d'un zèle missionnaire, et sa vocation le fait se tourner vers l'Orient musulman. C'est ainsi qu'en 1916 nous le retrouvons, libéré des obligations strictement militaires pour raison de santé, à Alep. Très ancienne ville de Syrie, Alep fait partie, depuis 1516, de l'Empire ottoman.

En 1916, la Première Guerre mondiale faisait rage depuis deux ans, et la Turquie s'était rangée aux côtés de l'Allemagne et de l'Autriche-Hongrie au sein de la Triple Entente, ou Triplice. Paul Berron, citoyen allemand, ne s'est donc pas retrouvé en pays ennemi, mais dans un pays avec lequel l'Empire allemand entretenait une étroite collaboration. C'est à Alep qu'il a vu et vécu ce qu'il évoque dans ses ***Souvenirs***.

En 1919 Paul Berron rentre en Alsace, redevenue française entre temps ; il y occupe une charge de pasteur, et suit avec intérêt les événements dans ces parties de l'ancien Empire ottoman où il a séjourné et œuvré. Au vu de la situation, il se décide à fonder une société missionnaire destinée à être active sur le terrain. Ce sera l'*Action Chrétienne en Orient*, à ce jour toujours en activité. Paul Berron en sera l'âme et le directeur jusqu'en 1961, tout en exerçant son ministère dans différentes paroisses d'Alsace. Il meurt à l'âge de quatre-vingt-trois ans, en 1970.

Paul Berron était donc né et avait grandi au sein d'une famille de pasteurs, où l'engagement pour le service du prochain était par conséquent fort. Issu de la moyenne bourgeoisie protestante alsacienne, c'était un homme pieux, pasteur de son état, formé au sein de l'Université allemande d'avant la Première Guerre mondiale, et brûlant d'un grand zèle missionnaire. De plus, c'était une époque - soulignons-le - où les puissances européennes dominaient la scène internationale, où la France et la Grande-Bretagne possédaient chacune un empire colonial, l'Allemagne et l'Italie essayant de s'en bâtir un sur le tard, sans que personne y trouvât à redire : l'esprit du temps était colonialiste. Ces aspects fondamentaux de la personnalité de Paul Berron ont nécessairement eu une incidence sur sa façon d'appréhender la réalité et de réagir aux événements, ainsi que sur le discours élaboré par lui pour en rendre compte. Le lecteur du XXIe siècle devra s'en souvenir.

Les ***Souvenirs des jours sombres*** se présentent comme un petit livret de 12cm x 18cm, broché, comptant 71 pages. Il comporte de nombreuses illustrations en noir et blanc, de piètre qualité, de vieilles photos probablement prises, au moins pour certaines d'entre elles, par l'auteur pendant son séjour sur place. Le texte est en allemand, imprimé en lettres gothiques. Il a été publié en 1929 par l'*Action Chrétienne en Orient*, l'organisme missionnaire protestant fondé par Paul Berron, dont le siège était à Graffenstaden, un faubourg de Strasbourg.

Le témoignage que constituent les ***Souvenirs*** du pasteur Berron fut d'abord écrit pour les lecteurs des publications de l'*Action Chrétienne en Orient*, et ne connut probablement qu'une diffusion confidentielle. Nos recherches pour en localiser un autre exemplaire à Strasbourg (*Bibliothèque Nationale Universitaire*, et bibliothèque de la *Faculté de Théologie Protestante*) sont restées vaines. Il est manifestement tombé dans l'oubli. Nous pensons qu'il mérite d'en être tiré.

Francis Bezler

Prologue

La publication de ces ***Souvenirs*** se justifie pour la bonne raison qu'il ne s'agit pas seulement de souvenirs personnels. Le cadre dans lequel ils sont présentés n'est pas celui de la vie privée d'une personne, mais celui de la Grande Guerre de 1914-1918. Le destin dont il s'agit ici n'est pas celui d'un individu – j'espère que celui-ci s'effacera le plus possible – mais celui de toute une nation, la nation arménienne. Et c'est un si effroyable destin qu'il ne faut jamais cesser d'en parler. Les points de vue sous lesquels les faits rapportés sont examinés ne sont pas non plus d'ordre personnel ; la problématique est plutôt celle du sens que les événements relatés peuvent avoir pour la cause de l'Évangile et la victoire du Royaume de Dieu. On aimerait que ce petit ouvrage fût avant tout un écrit missionnaire attirant l'attention sur le formidable conflit qui oppose l'Islam et la Chrétienté, lequel dure depuis des siècles et a atteint un stade particulièrement significatif, si la réalité des événements ne nous abuse pas. Les derniers chapitres de notre petit ouvrage montreront qu'il ne s'agit pas seulement d'un conflit sanglant, mais aussi d'un affrontement spirituel entre les deux religions. On trouvera un complément à ce sujet dans ma modeste brochure *Après les persécutions des chrétiens en Orient*, publiée par les éditions de l'*Action Chrétienne en Orient*, à Graffenstaden-Strasbourg.[1]

On pourrait se demander si la question arménienne n'a

1 www.aco-fr.org

pas été assez traitée. Cependant, les points de vue évoqués plus haut me semblent justifier la publication de cet écrit sans prétention. La question arménienne, il est vrai, a été longuement évoquée - selon certains, jusqu'à la nausée - sous son aspect de désastre et de calamité politique ; on la connaît aussi comme un sujet relevant de la justice ainsi que de la charité chrétienne ; mais elle n'a pas encore été assez comprise, me semble-t-il, comme une question touchant de près le destin de la Chrétienté d'Orient dans son ensemble, ainsi que son futur triomphe, appelé par nos vœux.[2]

Un mot au sujet du lieu qui se trouve au centre de notre récit. Alep, capitale de la Syrie du nord, a de tout temps été un point de jonction des routes caravanières, et est aujourd'hui[3] aussi à la croisée du chemin de fer de Bagdad et de la ligne Alep-Damas. La ville compte environ deux cent cinquante mille habitants ; elle a probablement atteint ce nombre par l'afflux d'environ quarante mille réfugiés arméniens. La situation d'Alep près de la Turquie proprement dite - la nouvelle frontière syro-turque passe aujourd'hui à moins de cinquante kilomètres au nord d'Alep[4] - a fait de cette ville un endroit particulièrement important pour les Arméniens déportés pendant la guerre et pour les réfugiés de l'après-guerre. De même que le nom Deir ez-Zor signifie "anéantissement", de même le nom d'Alep a signifié "salut" pour nombre d'Arméniens, même si beaucoup ne devaient y trouver que misère et mort ; celle-ci, au moins, n'était pas violente.

---

2 Paul Berron était un pasteur protestant très engagé dans l'activité missionnaire.

3 En 1929.

4 Ces considérations s'expliquent par le démembrement de l'Empire ottoman après la Première Guerre mondiale. La Syrie fut placée, par décision de la Société des Nations, sous mandat français.

Aujourd'hui Alep est, du point de vue de la stratégie missionnaire, un lieu particulièrement important, non seulement en raison de sa situation dans la zone frontalière arabo-turque, mais aussi, et surtout, à cause du grand nombre de chrétiens évangéliques que l'on y trouve (environ cinq mille), animés d'une vie spirituelle intense. Quel sens peut avoir ce noyau chrétien au sein d'une si grande ville musulmane et d'un si important territoire musulman ? L'avenir nous le dira.

Comme ce petit livre s'adresse d'abord au cercle restreint des amis de notre mission alsacienne en Orient, des débuts de laquelle il y sera question, on peut espérer qu'il sera accueilli avec un certain intérêt chez nous, en Alsace. J'éprouverais cependant une grande joie s'il devait susciter quelque intérêt au-delà de ce cercle étroit et gagnait des amis à la cause de Notre Seigneur ainsi qu'à celle de nos frères arméniens.

Le lecteur peu informé des événements d'Orient aura probablement du mal à se faire, au début, une idée claire sur certains sujets, mais au fil de la lecture sa vision de la situation deviendra plus précise et plus complète. Cela est dû à la forme que j'ai choisi de donner à ce petit livre, composé au gré du flux spontané de mes souvenirs, et sans volonté de mise en ordre systématique. De même, l'auteur n'a pas eu le souci de traiter de façon exhaustive les problèmes abordés. Cette façon de laisser courir la plume sans contrainte, emportée par le jaillissement des souvenirs, ne manque peut-être pas de charme et peut contribuer à l'intérêt de ce petit livre.

Chapitre 1

À Alep pendant la déportation

Lorsqu'au printemps de l'année 1916[5] je suis arrivé pour la première fois à Alep, ses habitants se trouvaient encore sous le choc terrible de la déportation, au cours de laquelle des dizaines de milliers d'Arméniens, dans un état pitoyable, avaient été chassés à travers les rues de la ville. Une épidémie dévastatrice de typhus avait alors éclaté, notamment parmi ces *muhadjirs* (réfugiés, fuyards). Elle fit aussi de nombreuses victimes parmi la population de la ville. On estima le nombre de décès à près de vingt-cinq mille ! Des conditions indescriptibles ont alors dû régner dans le quartier chrétien, où campaient les déportés pendant leur traversée de la ville. Les maisons, les cours, les rues étaient jonchées de malades, d'agonisants, de cadavres.

À cette époque aussi la missionnaire Béatrice Rohner, de la Mission d'Orient de Francfort à Marache[6], était arrivée à Alep et avait reçu de Djemal Pacha[7] l'autorisation, ou plutôt l'ordre d'ouvrir des orphelinats. Ce fut là une lourde charge pour elle, presque trop lourde,

5 Le lecteur doit se souvenir qu'en 1916 l'Alsace faisait encore partie de l'Empire allemand, et que Paul Berron était donc sujet de l'empereur Guillaume II. En territoire turc il était en pays allié.

6 Kahramanmaras, ville de Turquie, non loin de la frontière syrienne.

7 Djemal Pacha (1872-1922), important administrateur du gouvernement ottoman.

mais manifestement bénie par Dieu. Certes, cette belle œuvre fut en fin de compte de nouveau anéantie, de façon douloureuse, quand le gouvernement turc en arracha les enfants pour les transporter en Anatolie et les mettre dans des orphelinats musulmans. D'autres orphelinats furent de nouveau fondés par la suite ; je me souviens tout particulièrement de l'un d'eux. Dans une vieille école pas trop grande, pouvant accueillir au maximum cinq cents enfants, on en avait entassé en réalité mille huit cents. Habituellement les conditions de vie y étaient déjà déplorables : pas une goutte d'eau dans toute la maison pour tous ces enfants. Il y avait bien un puits, mais pas de corde ni de seau pour y puiser de l'eau, et la direction n'avait même pas l'argent nécessaire pour en faire l'achat ! Grâce au don fait par une école de filles de Strasbourg, l'actuel Collège Lucie Berger[8], j'ai pu remédier à ce besoin, et rendre d'autres services, par exemple acheter des cuillères en bois afin que les enfants n'aient plus besoin de manger avec les mains leur maigre soupe de tous les jours.

Immense était la détresse sur les routes. Les Arméniens qui, par milliers, s'étaient réfugiés dans la ville d'Alep, ne trouvaient la plupart du temps pas de quoi gagner un peu d'argent, et les prix avaient connu une hausse vertigineuse. On ne trouvait alors rien qui fût plus ou moins bon marché et à la portée de la bourse de gens pauvres ! Aussi nombre d'entre eux n'avaient-ils échappé à la mort par inanition dans le désert que pour mourir de faim une fois arrivés au port de leurs espoirs !

Devant chez nous on pouvait voir des témoignages poignants de cette misère. Jour après jour des êtres

8 Le lycée Lucie Berger, établissement privé protestant, existe toujours.

affamés faisaient le siège de notre maison et attendaient le moment où l'on sortirait les caisses remplies de déchets. Aussitôt ils se jetaient dessus et fouillaient dans les ordures pour y chercher quelque chose à manger, comme des os, des trognons de choux, des écorces de melon et d'autres choses semblables. D'habitude seuls les chiens pouilleux errant dans les rues cherchaient leur nourriture de cette façon. Là, c'étaient des êtres humains qui disputaient aux chiens quelques maigres déchets. Tous les jours nous assistions au même spectacle. Ils allèrent jusqu'à dormir la nuit à même le sol devant la maison pour ne pas perdre leur droit sur telle ou telle place de nourrissage. Nous secourions évidemment ces pauvres parmi les pauvres, dans la mesure de nos moyens.

Il nous arrivait aussi, malheureusement, de trouver, le matin, l'un ou l'autre gisant par terre, mort. On estimait à l'époque que cinquante à quatre vingt personnes mouraient de faim chaque jour à Alep. À l'aube, des charrettes sillonnaient la ville pour ramasser les cadavres de ceux qui étaient morts dans la rue ou dans quelque abri. Comment pourrais-je oublier ce qu'alors j'ai vu : un matin, tôt, j'étais sorti de la ville. Arriva une de ces charrettes. Je la suivis, et pus assister à l' « enterrement ». Sept cadavres avaient été jetés n'importe comment dans la voiture, des hommes, des femmes et des enfants. Tous avaient été complètement dépouillés de leurs habits. La façon dont le fossoyeur, un jeune arabe d'environ dix-huit ans, inhumait les cadavres était abominable : il culbutait les cadavres l'un après l'autre en bas de la haute charrette, puis les traînait à l'aide d'une corde jusqu'à une fosse. Il eût été répugnant de voir traiter ainsi des cadavres d'animaux. Et c'est ainsi que l'on traitait les dépouilles mortelles d'êtres humains, décharnés, des corps horribles à voir, dont chacun aurait pu raconter un calvaire sans fin. Les sept cadavres furent jetés dans une tombe de quatre vingt centimètres de profondeur sur un mètre vingt de largeur. La tombe en fut évidemment remplie à ras bord, et le fossoyeur la couvrit ensuite d'un peu de terre. Il ne faut donc pas s'étonner si la nuit les chiens et les chacals venaient déterrer les cadavres. Et en effet, à quelques pas de là traînaient un crâne qui venait d'être rongé, ainsi que la cage thoracique d'un homme d'environ seize ans. Le fossoyeur les jeta aussi dans la tombe. Après une vie d'indicibles souffrances, pas même un enterrement digne de ce nom. Destin d'Arménien !

Chapitre 2

Les massacres de Deir ez-Zor

Je me souviens encore très bien des premières nouvelles épouvantables qui nous parvinrent à Alep concernant de grands massacres de réfugiés arméniens à Deir ez-Zor. Plus tard, par des amis arméniens, j'ai pu faire connaissance d'un homme qui avait échappé à ce bain de sang et qui était en mesure d'en faire un récit circonstancié. Qu'il me soit permis d'en faire état ici.

Dighran (c'était le nom de mon informateur, un commerçant d'une trentaine d'années) avait été chassé, avec un groupe d'une centaine de familles, de sa ville natale au nord d'Alep. Les malheureux durent parcourir un vrai chemin de croix en direction de l'Euphrate. Rien que de la steppe ou un désert de cailloux ; pas d'eau, pas d'ombre, uniquement le feu du soleil, jour après jour ! En plus de cela, d'incessantes attaques de la part de hordes d'Arabes ; chaque fois le même effroi, la même angoisse et les mêmes souffrances : mauvais traitements, vols, viols et même rapt des femmes, des filles et des enfants. « Je ne peux pas tout vous décrire en détail », me disait Dighran, « j'en aurais jusqu'à minuit, et vous ne supporteriez peut-être pas d'entendre ce que je pourrais vous raconter. »

La foule des expulsés passa au large d'Alep, traversa Bab[9] et arriva près de Meskéné[10], sur la rive de l'Euphrate.

9 Ville frontière du nord de la Syrie.
10 Ville du nord de la Syrie.

Là il y avait des barques, dans lesquelles ils devaient pouvoir monter pour une pièce d'or par personne. Cela semblait un soulagement, mais s'avéra un nouveau danger. Les pauvres hères connaissaient déjà la pratique habituelle de leurs ennemis : les faire monter dans les barques, gagner le milieu du fleuve, et là les jeter vivants par-dessus bord, après les avoir attachés ensemble. La moitié d'entre eux choisit tout de même de traverser le fleuve, soit qu'ils fussent hors d'état de faire un pas de plus dans le désert, soit que la mort par noyade leur semblât préférable aux souffrances qui attendaient ceux qui continuaient à pied. Ils firent bien, d'ailleurs, car cette fois-là les barques arrivèrent à destination sans dommage, tandis que ceux qui avaient choisi la voie de terre connurent encore bien des tourments.

Ils se sont donc trouvés à Deir ez-Zor. C'est une charmante petite ville, certes, sur les bords de l'antique Euphrate. Mais pour tous les Arméniens ce nom sera à jamais synonyme d'épouvante. C'est vers Deir ez-Zor qu'on les a chassés par centaines de milliers ; en chemin, la plupart d'entre eux a trouvé une mort atroce, sous mille formes ; ceux qui, à l'arrivée, avaient survécu, furent aussi envoyés à la mort. La nouvelle finit par se répandre partout dans les milieux arméniens : être envoyé à Deir ez-Zor signifiait être envoyé à la mort.

Au début, il semblait que ceux qui y étaient arrivés devaient y connaître un sort plus supportable. Pendant un an ils se sont trouvés sous l'autorité d'un *Mutessarif* (préfet en turc) qui faisait preuve d'humanité à leur égard en cherchant à améliorer leur sort, autant qu'il pouvait et dans la mesure où il en avait l'autorisation. La foule des expulsés était au nombre de cent mille à cent vingt mille. Même s'ils n'étaient que quatre-vingt mille, comme on l'a prétendu, l'endroit devait être un épouvantable camp de déportés.

Au bout d'un an, cependant, le bon *Mutessarif* fut remplacé par un autre. Mon informateur l'appelait Zeki Bey. Il venait d'Everek[11], où il avait sévi, et était précédé par une réputation qui jetait l'effroi. Il y avait persécuté, disait-on, et tourmenté les Arméniens avec un plaisir cruel. Il leur aurait, par exemple, fait clouer des fers à cheval sur les pieds, et d'autres cruautés de cet acabit. Et le voilà qui venait à Deir ez-Zor comme plus haut représentant du gouvernement turc ! Sa première mesure fut d'exiger que lui fussent livrés tous les Arméniens cachés dans des maisons arabes. Personne ne devait se soustraire à ses décisions. Tous les réfugiés, donc, qui avaient réussi à s'installer vaille que vaille, furent déportés sur la rive gauche de l'Euphrate. Cette mesure leur avait été appliquée prétendument pour leur bien ; de là, ils devaient être autorisés à retourner chez eux, disait-on. Il était permis d'en douter au regard de la mesure qui avait été prise avant la déportation sur l'autre rive : deux-cents hommes, parmi les plus en vue de la communauté arménienne, furent brusquement jetés en prison par les Turcs, puis fusillés et jetés dans l'Euphrate.

Après une vingtaine de jours, on commença de les déporter, par intervalles de quelques jours, plus loin vers l'intérieur du pays, par groupes de mille personnes, deux mille ou même plus. Environ cent gendarmes turcs et deux-cents Tcherkesses[12] composaient l'escorte. Un de ces groupes fut chassé, pendant deux ou trois jours, bien avant dans le désert ; soudain ordre fut donné de faire halte. Puis

---

11 Everek : ville d'Anatolie orientale, province d'Erzeroum.

12 Tcherkesses ou Circassiens, peuple du Caucase du Nord.

on commença par séparer les hommes des femmes, et les hommes furent chassés encore plus loin. Vint ensuite le deuxième acte : les hommes furent entièrement dépouillés de leurs vêtements (habits et objets personnels devaient être le salaire des tueurs tcherkesses !). Les malheureux furent alors ligotés par quatre, regroupés en tas et encerclés par les hommes armés de leur escorte. Puis ceux-ci tirèrent dans le tas jusqu'à ce que tous fussent couchés dans une mare de sang.

Plus cruel encore fut le sort des femmes et des enfants. Une fois les hommes liquidés, ce fut leur tour. Ils furent aussi entièrement déshabillés, puis chassés plus loin, rassemblés comme un troupeau au fond d'une vallée encaissée et encerclés. Chaque fois par paquets de plusieurs centaines. Leur dernière heure aussi avait sonné. Livrés sans défense à la sauvagerie bestiale et démente de leurs bourreaux, ils connurent une mort effroyable. Les munitions furent considérées comme trop précieuses pour des femmes, c'est pourquoi on les massacra à coup de couteau et d'épée, sans parler des abominations qu'on leur fit d'abord subir. Tous furent saignés comme des porcs. À la fin il ne resta qu'un vaste charnier de cadavres horriblement mutilés et baignant dans leur sang. Un groupe après l'autre connut le même sort. Environ cent mille personnes (cent mille !) furent de cette façon systématiquement liquidées en peu de temps. Voilà ce que furent les tristement célèbres massacres de Deir ez-Zor.

Je demandai à Dighran comment ces malheureux réagirent devant pareille épreuve. Il me rapporta ce que racontèrent de rares survivants, qui avaient pu s'échapper ou qu'on avait laissés pour mort. La plupart du temps, quand les expulsés remarquaient que la dernière heure, à laquelle ils s'attendaient dans l'angoisse, était proche, ils poussaient de vives lamentations. On assistait à des scènes déchirantes lorsque les hommes étaient arrachés à leurs femmes et séparés de leurs familles pour être envoyés à la mort. De terribles cris de désespoir remplissaient l'air et l'on voyait des choses effroyables lorsque, finalement, les tueurs, armés de dagues et d'épées, et animés d'une fureur sanguinaire, se jetaient sur leurs victimes pour les égorger. Parmi celles-ci il s'en trouva aussi, particulièrement chez les femmes, qui restaient fermes et silencieuses. Elles consolaient les autres et leur adressaient des paroles d'encouragement : « Tenez bon, ne pleurez pas ! Bientôt tout sera fini ! Alors nous serons délivrés de toute misère et pourrons entrer dans la béatitude des enfants de Dieu ! ». Il arriva aussi qu'un groupe d'enfants demandât grâce pendant un moment encore, pour ensuite s'agenouiller et se mettre à prier à haute voix en attendant que leurs impitoyables bourreaux se jettent sur eux.

Le préfet turc, me raconta mon informateur, n'avait pas seulement organisé ces massacres massifs, mais souvent il en avait aussi personnellement pris la direction. Le *Mutessarif* en personne avait accompagné chaque transport de déportés, et avait parfois participé à la tuerie. L'un de ses gendarmes, qu'il avait forcé à l'accompagner, avait perdu la raison devant tant de cruauté. Mais le préfet, véritable incarnation du diable, se repaissait de tout cela et prenait même l'initiative de cruautés particulières ; c'est ainsi qu'un jour il fit arroser d'essence des centaines d'enfants, puis les fit brûler vifs. Ses Tcherkesses étaient des collaborateurs très dévoués. C'étaient des Tcherkesses tchétchènes, une tribu qui avait jadis émigré du Caucase pour s'installer dans la région de Ras al-Ayn[13], et qui était

13 Ville du nord de la Syrie, sur la frontière turque, dans le gouvernorat d'al-Hasakah.

connue pour sa sauvagerie. Il appartenait lui-même à cette tribu et avait donc pu bien les choisir. Pour en achever le portrait, Dighran me raconta encore la chose suivante : Zeki Bey avait chez lui une fillette arménienne d'une dizaine d'années, pour laquelle il semblait avoir de l'affection. Mais lorsqu'il donna l'ordre aux gendarmes et aux soldats de faire sortir des maisons arabes tous les Arméniens, même les enfants, il prit lui-même, devant ses hommes, pour bien leur montrer qu'il entendait que ses ordres soient exécutés sans exception, la fillette par les pieds et lui fracassa le crâne par terre ! Il aurait aussi, un jour, enfermé dans un *Chan*, une cour de ferme, environ huit cents enfants pour les y laisser intentionnellement mourir de faim. Voilà les exploits d'un homme qui avait entre trente et trente-deux ans.

Notre âme frémit d'horreur devant une telle manifestation de cruauté démoniaque. Mais il faut être bien conscient d'une chose : si le gouvernement turc a révoqué le *Mutessarif* favorable aux Arméniens pour le remplacer par ce monstre, et nommer celui-ci haut représentant du gouvernement dans ce secteur, c'est bien la preuve - terrible preuve !- que dans les hautes sphères de l'État on voulait l'éradication sanglante des Arméniens. D'ailleurs Zeki Bey, après avoir rempli sa mission avec beaucoup de zèle, obtint de l'avancement, semblerait-il, en étant nommé sur un poste plus élevé. C'est du moins ce que Dighran affirmait. D'ailleurs dans tout ce qu'il me raconta, Dighran me fit l'impression d'être un homme posé et réfléchi. Pas la moindre trace, chez lui, de l'exubérance orientale ; au contraire, je me souviens encore très bien de sa façon singulièrement froide d'évoquer le destin effroyable de ses compatriotes. Parfois, quand il évoquait les plus grandes horreurs, il partait d'un rire terrifiant qui vous serrait encore plus le cœur. Il me reste à dire un mot sur la manière dont il en réchappa.

Dighran fit partie du dernier groupe à être déporté. Ils avaient eu le temps d'apprendre ce qui était arrivé aux autres. Ils n'ignoraient pas non plus le sort qui avait été fait à ceux qui les avaient immédiatement précédés. Ceux-ci, quelque cinq cents familles parmi les plus distinguées, avaient été menés jusqu'à une localité appelée Scheddadije[14], comme s'ils devaient s'y installer ; mais bientôt ils furent massacrés dans leurs tentes. Pour ce qui est du dernier convoi, on lui fit prendre une autre route, en direction de Es-Saouar. À ceux-là aussi on affirma qu'ils pourraient s'installer à cet endroit, à condition de payer deux mille livres d'or. Le groupe comptait environ mille personnes, lesquelles réussirent effectivement à réunir cette somme en sacrifiant les dernières pièces d'or soigneusement cachées. Ils durent aussi déclarer par écrit qu'ils faisaient librement don de cet argent au bénéfice du Croissant Rouge turc. Malgré cela, ils n'osaient trop croire à leur salut. Finalement, ils furent effectivement expulsés de Es-Saouar et chassés dans le désert. Bientôt ils arrivèrent sur les lieux de précédents massacres. Ils passèrent deux fois par des endroits où gisaient environ trois cents cadavres d'hommes tout nus. Un jour ils traversèrent une petite vallée où s'était formée, paraît-il, une mer de sang profonde de quatre doigts. La tuerie avait eu lieu plus haut, à l'entrée de la vallée, et le sang versé avait formé un flot qui s'écoula comme une rivière le long de la pente. On peut s'imaginer dans quel état d'esprit se trouvaient les malheureuses victimes. En sus de cela, ils croisèrent un Arabe qui leur révéla que le lendemain ils arriveraient à l'endroit où leur exécution devait avoir lieu.

---

14 Al-Shaddadeh, ville de Syrie, dans le gouvernorat d'al-Hasakah.

Pour Dighran et ses compagnons le moment crucial approchait. Depuis quelques jours, en effet, ils avaient échafaudé à sept un projet de fuite. Ils décidèrent de le réaliser un soir. C'était le moment où d'habitude les déportés ramassaient de l'herbe de la steppe et des chardons secs pour faire du feu. Les sept conjurés y participèrent cette fois-ci avec un zèle particulier, s'éloignant peu à peu de la masse des déportés en se baissant et en faisant semblant de ramasser de l'herbe. Lorsqu'ils furent à bonne distance, ils se jetèrent à plat ventre et s'éloignèrent en rampant. La nuit qui tombait favorisa leur fuite. C'était aussi l'heure où les Tcherkesses allaient manger, et les fugitifs avaient justement escompté qu'ils relâcheraient leur surveillance. Et c'est ainsi, en effet, qu'ils réussirent à s'enfuir sans se faire remarquer.

Cependant, le succès n'était pas encore entièrement assuré ; ils avaient, certes, emporté une boussole, un peu d'eau et du pain, mais ils avaient pénétré loin dans le désert et devaient contourner les rares villages qui se trouvaient sur leur route, car il n'y avait là que des musulmans hostiles. Ils marchèrent au hasard pendant cinq jours ; ils étaient morts de fatigue ; pire encore : l'eau fut vite épuisée. En outre, deux d'entre eux gisaient par terre tremblant de fièvre et il fallut attendre un jour entier - un vrai supplice - jusqu'à ce qu'ils fussent de nouveau sur pied. Ils arrivèrent enfin près d'une zone montagneuse qui leur semblait devoir annoncer l'Euphrate. Dighran rassembla ses dernières forces et gravit la pente. Arrivé au sommet, quelle joie ! L'Euphrate était là, devant ses yeux ! Enfin de l'eau pour ces fugitifs torturés par la soif. À peine trois heures plus tard ils connurent une nouvelle frayeur : ils rencontrèrent soudain des Arabes. Ceux-ci se jetèrent aussitôt sur eux, mais les laissèrent finalement en vie, se contentant de les dépouiller entièrement de leurs habits. Ils purent repartir, mais ils étaient nus : comment pourraient-ils s'en sortir ? Il ne leur restait qu'une solution : quand ils arrivèrent au village arabe suivant, ils ne le contournèrent pas, mais y entrèrent pour essayer d'y trouver du travail afin de pouvoir manger et s'habiller. Ils furent non seulement attaqués par les chiens mais aussi cruellement frappés par les habitants du village. Finalement, quatre d'entre eux, dont Dighran, obtinrent de rester au village et furent embauchés. Les trois autres furent obligés de continuer leur chemin. On n'a plus jamais eu de nouvelles d'eux.

Plus tard, Dighran, déguisé en Arabe, réussit à s'échapper et à gagner Alep. Il était l'un des rares survivants des épouvantables massacres de Deir ez-Zor.

Chapitre 3

Souffrances de l'âme

Même lorsqu'ils n'étaient pas chassés à travers la steppe jusqu'à l'épuisement, ou égorgés par le couteau des assassins, les Arméniens connaissaient des souffrances qui n'épargnaient personne : les souffrances de l'âme.

Nos lecteurs ont sans doute été profondément ébranlés à la lecture des crimes effroyables que nous avons rapportés jusqu'ici. On peut s'imaginer ce que devaient ressentir les Arméniens, même ceux qui vivaient en sécurité mais qui chaque jour entendaient parler de nouvelles horreurs infligées à leurs infortunés compatriotes. Il leur fallait faire bonne mine aux Turcs, parmi lesquels ils vivaient, alors qu'ils savaient qu'au même instant, quelque part dans le désert, leurs frères et leurs sœurs enduraient d'indicibles souffrances et étaient cruellement assassinés par les nervis turcs. Très souvent leurs plus proches parents ! Cela vous brise le cœur de voir tant de familles dévastées. Ainsi par exemple, je demande au premier serviteur arménien que j'avais, un garçon de quatorze ans : « Où est ton père ? » - « Assassiné ! » - « Où est ta mère ? » - « Tuée ! » - « As-tu des frères et des sœurs ? » - « J'en avais cinq. » - « Où sont-ils ? » - « Tous, sauf le petit dernier, sont morts dans le désert ! » Comment s'étonner qu'un jeune comme lui ait une sensibilité perturbée, des nerfs détraqués, et que sa force morale soit gravement ébranlée ? D'autant plus qu'à tous ces malheurs s'en ajouta un qui combla la mesure : un jour que son dernier petit frère jouait sur le toit en terrasse d'une maison, il en tomba et se brisa la nuque. Ou encore, quand je demande à des femmes arméniennes dans quelle situation se trouve leur famille, où sont les hommes, on me fait presque toujours la même sinistre réponse : ils ont été emmenés, peu de temps avant leurs femmes (plus jamais de nouvelles d'eux), et ont été assassinés quelque part d'une façon ou d'une autre ! « Où sont les enfants ? » Hélas ! Combien de fois ai-je entendu la même réponse : « Ils sont morts en chemin à cause des privations » etc. Et combien de fois cette autre réponse : « On nous les a enlevés, les Turcs, les Arabes les ont pris ! » « Où sont-ils ? - Dans des familles musulmanes ou dans un orphelinat musulman ! » Ou bien les pauvres mères n'en savaient absolument rien et n'avaient plus jamais eu de nouvelles de leurs enfants. Comment une mère ou une épouse peut-elle supporter cela ? Et nous n'avons rien dit des cas où des hommes ont été cruellement torturés et assassinés sous les yeux de leurs femmes, où l'on a de façon abominable fracassé le crâne des enfants et violé les filles sous les yeux de leurs mères. Faut-il s'étonner si leur âme a sombré pour toujours dans une noire amertume et dans le désarroi ?

Aux souffrances morales de ceux qui furent provisoirement épargnés ou qui purent s'enfuir, il faut encore ajouter cette angoissante question : jusqu'à quand seraient-ils en sécurité ? Chaque jour, sur un nouvel ordre d'en haut, cette sécurité pouvait faire place à la persécution. Ou bien ils pouvaient être découverts. Quelle vie ! Jamais ils ne pouvaient - pendant des mois, voire des années - sortir de chez eux sans danger. Chaque policier qui les regardait provoquait en eux la panique, car il pouvait reconnaître sur leur visage le type arménien. Leur vie dépendait de tous ceux qui les connaissaient, n'importe lequel d'entre eux pouvant les dénoncer à la police turque. Ils étaient donc à leur merci. À cela s'ajoutaient les continuelles descentes et les razzias de la police turque, dans les maisons comme dans la rue. Là encore de vraies souffrances morales ! J'ai pu observer sur la personne de mes collaborateurs arméniens à quel point pareille situation pouvait être douloureuse et épuisante. Car la police pénétrait jusque chez nous pour les débusquer et les arrêter. Au milieu de ces pauvres gens, soumis à un tel harcèlement, j'ai appris à ressentir ce qu'ils éprouvaient. Ils devaient bouillir d'indignation devant l'effroyable impuissance, le déni de justice, l'arbitraire et l'oppression qui étaient leur lot ! Et depuis des dizaines d'années, voire des siècles !

Il est une chose que je n'aimerais pas passer sous silence. Certes, les réfugiés qui réussirent à se procurer un gagne-pain et ne connurent pas le sort de tous ceux qui sont morts de faim, avaient quelque sujet de remercier le ciel. Mais beaucoup ressentirent comme un malheur cruel de devoir rendre de menus services alors qu'auparavant ils jouissaient d'une situation aisée ; ou bien d'être obligés de faire un travail exclusivement physique alors qu'ils étaient habitués au travail intellectuel. J'ai connu, en effet, d'anciens professeurs, des pasteurs, des instituteurs, des banquiers, des étudiants, etc., qui travaillaient comme garçons de course, domestiques, empaqueteurs, bûcherons et autres métiers de ce genre, ou dont les épouses étaient employées comme femmes de chambre, aide de cuisine, laveuse de vaisselle. Aujourd'hui encore c'est là souvent le lot des réfugiés arméniens. Ce n'est certes pas le pire, mais si nous nous mettons honnêtement à leur place, nous ne dirons pas que c'est sans importance.

À ce propos, il me faut encore rapporter quelque chose. Des amis arméniens apprirent un jour qu'une jeune fille d'environ dix-huit ans, leur nièce, disparue depuis longtemps et que l'on croyait morte, était réapparue et devait bientôt arriver chez eux. Je pensais qu'ils s'en réjouiraient, et ils en éprouvèrent en effet de la joie, mais leur joie était mêlée d'une amère tristesse. La nièce, comme on a fini par l'apprendre, avait séjourné entre temps chez les Arabes. « Dans quel état physique et psychique nous reviendra-t-elle ? Peut-être serait-il préférable qu'elle soit morte ! », se lamentaient-ils. Leur angoisse était parfaitement compréhensible. Car j'en ai vu, en effet, des jeunes filles arméniennes dont les Arabes et les Bédouins avaient tatoué le visage, et qui étaient désormais condamnées à porter ces marques indélébiles d'un ignoble esclavage ! Oui, hélas ! Tel fut le sort des femmes et des jeunes filles ! Nous-mêmes tremblons d'indignation chaque fois que nous pensons aux choses inouïes qui sont arrivées ici, ou bien à l'abominable commerce de jeunes filles qui fut pratiqué. On entendait parler d'officiers turcs, de commandants division, qui retenaient dans leur maison un nombre appréciable de jeunes Arméniennes, ou qui les revendaient à leur convenance. En vérité, on peut comprendre que jamais les Arméniens n'oublieront ce qui a été fait à leurs épouses, à leurs sœurs, à leurs filles, à leurs fiancées. Quels tourments, enfin, ont dû endurer les pauvres victimes elles-mêmes, la plupart du temps des jeunes filles belles, pieuses et pures ! Tant d'indicibles souffrances morales ! Comment ces malheureuses peuvent-elles envisager leur avenir après avoir subi de tels outrages ?

Souffrances de l'âme ! Dieu entende notre cri : des âmes dévastées ! Le malheureux peuple arménien est meurtri de mille blessures par où son sang s'écoule !

Chapitre 4

Graves conflits

Les Turcs ne reconnaissaient jamais qu'ils persécutaient les Arméniens pour des raisons religieuses. Ils prétendaient qu'ils étaient obligés de déporter les Arméniens pour les éloigner du théâtre du conflit qui opposait la Russie et la Turquie, pour des raisons exclusivement politiques et militaires. (En réalité, ils les déportaient aussi d'autres régions où cette nécessité n'existait pas du tout). Ces raisons strictement militaires et politiques parurent à certains très claires, car on ne peut nier qu'il y ait eu de la part de certains milieux arméniens, dans la guerre entre la Russie et la Turquie, un engagement sur le théâtre des opérations en faveur des Russes ; il était par ailleurs notoire que les sympathies des Arméniens allaient à l'Entente, l'adversaire de leur ennemi héréditaire turc. Ce n'est pas là une preuve suffisante de la motivation religieuse des persécutions, les Turcs maltraitant aussi cruellement les Grecs[15], les Syriaques[16] et

15 En plus des Arméniens et des Syriaques, il convient de ne pas oublier le sort des « Grecs Pontiques », les communautés grecques orthodoxes de Turquie, installées dans l'ancienne province du Pont (nord-est de la Turquie actuelle). En effet, entre 1916 et 1923, près de 350 000 Grecs originaires du Pont furent massacrés par les Turcs.

16 La population syriaque – assyro-chaldéenne – a été, comme la population arménienne, systématiquement exterminée. Estimé à 500 000 victimes, le génocide assyro-chaldéen a vu disparaître 70% des Araméens de Turquie. Cf. *Qui s'en souviendra ? 1915 : le génocide assyro-chaldéen-syriaque*, par Joseph Yacoub, 2014,

les Maronites[17], bref les chrétiens, dont les sympathies allaient de même à l'Entente. Autrement plus significatif, comme preuve, est le fait que les Turcs épargnaient les Arméniens qui se convertissaient à l'islam. À cela on pourrait rétorquer que les Arméniens ou autres chrétiens qui se faisaient musulmans cessaient par là même d'être des adversaires politiques. Mais c'est là précisément que nous touchons du doigt une réalité qu'aucun vrai connaisseur de l'Orient ne peut ignorer : en Orient, Religion et Nation sont inséparables. Et c'est pourquoi, si les relations entre Turcs et Arméniens ont toujours été marquées par la haine nationale et raciale, il est impossible, en dernière analyse, de distinguer celle-ci de la haine religieuse. Pour un Turc, l'ennemi de sa patrie était toujours en même temps l'ennemi de sa religion.

Il est donc clair que les persécutions infligées aux Arméniens l'ont été pour des raisons religieuses. Sans doute n'étaient-elles pas toujours manifestement pratiquées sous le signe de la "Guerre Sainte". Chez les tortionnaires, au niveau des individus, le sentiment dominant pouvait tantôt être la haine nationale et politique, tantôt la haine à l'égard de la race, ou bien encore une hostilité d'ordre

---

Collection "Bibliothèque du Cerf".

17 Entre 1915 et 1918, la population du Mont-Liban fut victime d'une famine responsable de la mort de 150 000 habitants sur les quelques 400 000 que comptait à l'époque cette région. De cette famine Enver Pacha aurait dit : « L'Empire ottoman ne recouvrera liberté et honneur que lorsqu'il aura été débarrassé des Arméniens et des Libanais. Nous avons supprimé les Arméniens par le fer, nous supprimerons les Libanais par la faim. » Dans la pratique, ce sont les maronites qui seront les principales victimes de cette « arme de la famine », les soldats ottomans se montrant beaucoup plus intraitables avec les chrétiens qu'avec les autres habitants du Mont-Liban (d'après http://www.lorientlejour.com) Cf. *Histoire de la Grande famine au Mont-Liban (1915-1918), un génocide passé sous silence*, par Antoine L. Boustany, 2014.

économique ; mais la haine religieuse, c'est sûr, y avait toujours sa part.

Pour les persécutés, cette situation était source d'une détresse spirituelle particulière. Elle était d'autant plus accablante que la conversion forcée à l'islam offrait à ces pauvres gens, harcelés et terrifiés, une issue au labyrinthe de leurs souffrances, ce qui les plaçait devant des dilemmes extrêmement douloureux, les jetant dans des conflits spirituels et des déchirements intérieurs terribles. Voici un exemple de ce combat intérieur des chrétiens arméniens.

Nous avions chez nous un employé du nom de Dannès. Il était âgé de vingt ans, avait étudié dans un collège arménien de son lieu d'origine, lorsque survint la catastrophe, l'expulsion. Il réussit à échapper au désert et à gagner Alep. Il y arriva dans un état pitoyable, mais trouva heureusement refuge chez M. D., un ancien professeur du collège. Celui-ci était Arménien et venait lui-même de subir la déportation, mais avait pu rester à Alep, en partie parce que le gouvernement turc voyait les services que ce professeur de physique et de chimie pouvait rendre au Lycée turc, et en partie parce que sa femme était germano-américaine. Là, Dannès put dans un premier temps reprendre quelques forces. Plus tard il vint chez nous. Il faisait aussi partie de ceux chez qui le travail provoquait des souffrances spirituelles ; et à vrai dire, il était plutôt fait pour les études que pour le travail manuel. Mais avant tout, il faisait partie de ceux qui devaient vivre avec une épée de Damoclès au-dessus de leur tête, à savoir : être pris dans une rafle. C'était pour lui un tourment de chaque instant, alors qu'il n'avait que trop tendance à ruminer. Et de fait, il savait fort bien, par sa propre expérience, quel sort serait le sien le cas échéant. Un jour il vint me voir pour me demander si ce serait un péché que de se défendre au cas où l'on voudrait se saisir de sa personne ; un autre jour il me demanda s'il commettrait un péché en se suicidant en cas d'arrestation. Il ne cessait de se démolir intérieurement en ruminant constamment de telles pensées. Je dois à son honneur de dire qu'il envisageait tout du point de vue de la foi et qu'il sortit finalement vainqueur de son combat. Je le voyais souvent plongé dans la lecture de la Bible, ou bien il m'arrivait de le trouver dans un coin du grenier, absorbé dans ses prières, sans qu'il m'eût entendu venir, et sans rien entendre quand je repartais sur la pointe des pieds.

Un jour donc, notre brave Dannès, en allant faire une course, eut le malheur de perdre son portefeuille. Dedans se trouvaient le seul document qui pouvait le mettre plus ou moins à l'abri des Turcs, ainsi que l'argent qui lui avait été confié. Cet homme sensible fut surtout anéanti par la perte de l'argent, à telles enseignes qu'il n'osa plus paraître devant nous et que, dans son désespoir, il prit tout simplement la fuite. Au bout de trois jours, enfin, nous eûmes des nouvelles de lui. D'un village arabe éloigné de plusieurs heures vint se présenter à nous un messager pour nous remettre une lettre écrite de la main de Dannès, dans laquelle celui-ci avouait son infortune, nous demandait pardon et souhaitait qu'on lui fît parvenir les quelques pauvres effets personnels qu'il avait laissés chez nous. Il avait déjà, disait-il, accepté un travail dans ce village. Je lui envoyai une lettre pour le consoler et lui demander très cordialement de revenir. Il revint, profondément ému d'avoir été pardonné. Moi, par contre, je fus ébranlé par ce que j'appris et qui avait failli arriver.

Dannès fut bien accueilli dans le village arabe, en particulier par le cheikh. Celui-ci se rendit vite compte qu'il avait affaire à une personne instruite, et lui proposa de l'engager, à des conditions alléchantes, comme écrivain, maître d'école etc., au service de ce village où tous étaient illettrés. Pour notre ami, ce fut là une grande tentation : il avait perdu son emploi (pensait-il), n'avait pas de quoi manger, pas de chez soi, rien que la route comme unique horizon ; il n'était plus protégé contre les Turcs ; à tout moment il pouvait être repris, déporté dans le désert, assassiné. D'un côté rien que la détresse, le naufrage même. De l'autre, une solution à tous ces malheurs, un refuge sûr où attendre des temps meilleurs. Il suffisait d'accepter l'unique condition qu'on y mettait : adopter pour son nom la forme arabe. Il était prêt à le faire : « Que je m'appelle Dannès (Johannes) ou Yahyah, où est la différence ? » Les Arabes chrétiens ne prononcent-ils pas, eux aussi, ce nom comme cela ? Je lui fis cependant remarquer que ces Arabes-là prendraient cela comme un acquiescement à leur religion. Cela n'avait aucune importance, croyait-il, du moment qu'il restait chrétien dans son cœur. Je lui dis encore qu'on ne tarderait sans doute pas à exiger un peu plus de lui, comme de se faire circoncire. Il y avait déjà pensé, manifestement, et était même prêt à franchir le pas.

Alors il me fallut entrer dans un vrai débat avec lui. Il déclara que, dans sa situation, sa façon d'agir était tout à fait justifiée ; il ne voulait pas être infidèle envers son Sauveur, et d'ailleurs ce n'aurait pas été de l'infidélité ! On pouvait, malgré de telles apparences extérieures, aimer Jésus. Il invoqua l'exemple des juifs chrétiens, qui étaient aussi circoncis, disait-il ; il se référait surtout aux *Actes des Apôtres* 16,3, texte selon lequel saint Paul lui-même aurait fait une concession aux juifs en faisant circoncire

Tite ; d'ailleurs ne s'était-il pas « fait juif avec les juifs »[18] ? Et lui, s'il voulait œuvrer efficacement pour Jésus, ne devait-il pas d'abord s'adapter aux circonstances ? C'est ainsi que notre cher Dannès alignait les arguments. Il n'était pas difficile d'y répondre et de lui rappeler qu'il ne suffit pas d'être simplement chrétien dans son cœur, mais qu'il faut aussi confesser sa foi ; l'en convaincre était moins facile. Son ardent désir de sortir enfin d'une situation hasardeuse troublait son jugement et le plongeait dans le désarroi. Tout cela, finalement, n'avait qu'une seule cause : ce qu'il avait subi, le danger constant, l'interminable et poignante insécurité, la peur continuelle, tout cela l'avait complètement usé et laminé intérieurement. Il ne lui était plus possible, absolument plus possible de continuer ainsi ! C'était à vous briser le cœur ! Ce jeune homme était pourtant d'une piété profonde et sincère. Qui eût trouvé le courage de morigéner ce pauvre et gentil garçon ? Mais par son retour parmi nous tout rentrait finalement dans l'ordre. Bientôt cependant, son destin finit par le rattraper : il fut arrêté, mais on ne l'envoya pas tout de suite dans le désert, il fut enrôlé comme soldat-ouvrier. Cela ne signifiait pas que son sort serait d'emblée meilleur. Combien de soldats-ouvriers arméniens n'a-t-on pas assassinés ou laissé lentement mourir de faim ! Malgré tout, Dannès prit son courage à deux mains et décida de porter sa croix. Il m'envoya encore une émouvante lettre d'adieu : il assumait son sort en mettant sa confiance en Dieu et nous demandait seulement de prier pour lui, afin qu'il reste toujours fidèle

---

18 *1ère Épître aux Corinthiens* 9,20. Pour la traduction en français des versets de l'Écriture présents dans cet ouvrage, notre référence est : *La Bible de Jérusalem*, traduite en français sous la direction de l'École Biblique de Jérusalem, Nouvelle Édition, Desclée de Brouwer, Paris, 1975.

à son Seigneur et remplisse toujours son devoir. Nous l'avons fait, et Dieu, manifestement, n'a pas écarté de lui sa main protectrice.

D'autres conflits, plus graves encore.

Un jour nous parvint la nouvelle que, dans telle région, nombre de déportés arméniens s'étaient convertis à l'islam. Parmi eux, des gens qui avaient toujours été tenus pour des chrétiens à la foi vivante et profonde, et qui s'étaient toujours comportés comme tels.

Là, les autorités turques ont mis les Arméniens devant le choix suivant : ou bien on les envoyait à Deir ez-Zor (ce qui signifiait une mort cruelle d'une façon ou d'une autre), ou bien ils se convertissaient à l'islam. La conversion était rendue étonnamment facile : on n'exigeait aucune abjuration de l'ancienne foi, pas de participation à des dévotions ou au culte musulman, ni de circoncision, pas même la signature d'une formule d'adhésion. On ne leur demandait que de s'inscrire sur une liste sous un nom arabe, si leur nom d'origine n'avait pas déjà une forme arabe. Ils relèveraient donc de façon nominale du régime des musulmans sans être en rien inquiétés dans leur pratique religieuse privée. Cette mesure fut en général attribuée à Djemal Pacha, lequel aurait voulu mettre les Arméniens à l'abri pendant cette période critique. Devant les exigences du gouvernement de Constantinople il souhaitait apparemment protéger ceux qui, dans sa juridiction, étaient menacés de déportation, en en remettant une liste qui préciserait qu'ils s'étaient convertis à l'islam. Cela partait d'une bonne intention ; mais pour les Arméniens cela fut source de conflits extrêmement graves.

Être sauvé était donc aussi simple que cela. Et pourtant,

tellement difficile ! On devrait pouvoir, et même être obligé de souscrire à pareille formalité quand notre vie est en jeu. Cependant, comme notre conscience hésite ! Comme elle se révolte ne serait-ce que contre une apparence de reniement du nom de Jésus ! De très chers amis arméniens m'ont dit par quelle détresse spirituelle ils ont dû passer. Il y eut le cas d'un père. S'il refusait de signer, à quoi pouvait-il s'attendre ? Pour lui, la déportation et l'assassinat ; sa femme connaîtrait probablement un sort infâme, au mieux elle pourrait mourir avec lui ; quant aux enfants, les garçons seraient dispersés dans des familles turques ou envoyés dans un orphelinat, et les filles seraient, à plus ou moins brève échéance, mariées à des Turcs ou à des Arabes, dans le meilleur des cas !

De toutes ces possibilités, la mort était la solution la plus facile. Le sort de l'épouse, quand il y pensait, était bien plus horrible ; mais même cela, elle aurait pu le surmonter comme une souffrance passagère en se tournant en pensée vers Dieu, même dans l'abaissement le plus extrême elle aurait pu rester l'enfant de Dieu qu'elle était. Mais dans ce cas, les enfants ne seraient-ils pas devenus musulmans ? Il refuserait donc de se faire musulman, ne serait-ce que de pure forme ; mais alors ses enfants y seraient contraints d'autant plus sûrement ! Terrible dilemme ! D'un côté les parents, qui subissent, chacun à sa façon, un sort cruel, et les enfants, qui sont élevés dans la religion musulmane. De l'autre côté, la liste pour le gouvernement, sur laquelle ils peuvent se faire inscrire ; cela a toutes les apparences d'une conversion ; en réalité, aucune des deux parties ne prend cela au sérieux. On les laisse en paix ; ils restent en vie, sont ensemble et, surtout, ils peuvent continuer de vivre en chrétiens et élever leurs enfants dans la foi chrétienne en attendant des jours meilleurs. Donc, cette conversion apparente à l'islam apparaît précisément comme la solution pour éviter que les enfants ne soient obligés de devenir musulmans. Comment pourraient-ils ne pas adopter cette solution ? Celle-ci ne leur est-elle pas offerte par Dieu lui-même ?

Ils se trouvaient donc confrontés à un choix terrible, une vraie torture, une formidable tentation. À cela il faut ajouter une capacité de résistance amoindrie par les nombreuses souffrances déjà subies, par les moments de terreur vécus, leur usure intérieure et leur démoralisation. Que l'on songe à la fatigue de ces pauvres victimes si harcelées, dont beaucoup étaient déjà ébranlées dans leur foi ! On aurait pu comprendre qu'elles se résignent à choisir tout simplement la voie du salut. Mais elles ont encore livré un incroyable combat. C'est en larmes que certains m'ont parlé de leurs cruels déchirements. Tout le reste, tout ce qu'ils avaient vécu jusque-là leur semblait peu de chose à côté de cette nécessité, cette obligation de se décider et de devoir choisir, dans tous les cas de figure, quelque chose d'épouvantable. La mort aurait été pour eux une délivrance. « Nous aurions été si heureux de pouvoir mourir ! Quand nous arpentions les rives du fleuve en proie à nos tourments intérieurs, combien de fois n'avons-nous pas souhaité que quelqu'un vienne nous y jeter ! », me confia une Arménienne croyante, une amie chère. « Devoir prendre une telle décision était particulièrement dur pour mon mari », ajouta-t-elle, « car elle avait des conséquences cruelles pour les siens. À l'époque je craignais souvent qu'il n'en perde la raison. »

Voilà qui pourrait suffire. Je crois que les terribles souffrances morales que certains m'ont confiées m'ont beaucoup plus ébranlé que tous les destins tragiques dont j'ai pu avoir connaissance. Peut-être le lecteur éprouve-t-il la même chose. Il pourra donc comprendre comment, à l'époque, beaucoup en sont venus à « franchir le pas ». Cela leur permit effectivement de survivre, et ils restèrent de même d'aussi bons chrétiens qu'avant. Mais j'en ai connu d'autres que leur apostasie ne laissait pas dormir en paix. Ils se répétaient sans cesse qu'il n'y eut alors pas d'autre solution. Et néanmoins cela les tourmentait tellement qu'ils croyaient ne plus jamais pouvoir être joyeux. Qui oserait leur jeter la pierre ?

Chapitre 5

Affaires personnelles et autres

De ce qui va suivre, beaucoup de choses ne pourront être comprises qu'à la lumière de certaines circonstances personnelles. Qu'il me soit permis d'en toucher un mot ; elles ont une certaine valeur objective dans la mesure où la création ultérieure de l'*ACO*[19] s'explique en partie par ce que fut la vie du fondateur.

Il y a des tournants dans la vie. Tout particulièrement quand Dieu intervient, quand il prend notre petite vie dans sa main, quand il donne à notre chemin une nouvelle direction. On n'aime guère parler de ce qui se passe dans le secret de notre cœur, et il n'y a pas lieu de le faire. Il n'est peut-être rien qui ne nous pèse comme un fardeau tout en nous remplissant en même temps de joie que de vivre l'inconcevable, quand Dieu nous juge digne de s'abaisser jusqu'à nous et de nous appeler. Pour l'auteur de ces lignes et son épouse cela signifia clarté, une clarté complète et merveilleuse sur le fait que leur chemin les conduisait en Orient, en mission auprès des mahométans, à Alep.

C'était en 1914. La guerre éclata et tous nos plans étaient apparemment par terre. Vint alors pour moi une activité d'aumônier à l'hôpital militaire de Strasbourg[20],

19 *Action Chrétienne en Orient.*

20 Rappelons qu'en 1914 Strasbourg, et toute l'Alsace, ainsi que l'actuel département de la Moselle, faisaient partie de l'Empire allemand.

auprès des blessés graves ; de plus, je fus moi-même gravement malade et semblais être devenu inapte à séjourner sous les tropiques. Mais la certitude silencieuse demeurait, l'appel avait été trop clair, et dès l'année 1916 la porte de l'Orient, que personne n'avait le droit de fermer, s'ouvrit à nouveau, d'une autre façon tout d'abord. L'Union des Étudiants Chrétiens, plus précisément le siège à Berlin, décida d'ouvrir des foyers militaires chrétiens pour les soldats envoyés en Turquie[21]. C'était là une bonne occasion de gagner l'Orient tout de suite, même pendant la guerre, d'apprendre à connaître le pays et les gens, la langue et les conditions de vie, de me préparer à un futur service missionnaire.

Je me portai candidat à ce travail. Pour être dégagé de mes obligations d'aumônier aux armées il fallait l'autorisation du gouverneur militaire allemand de Strasbourg. Elle faillit m'être refusée ; finalement les choses prirent un cours favorable, de sorte que je fus « libéré des obligations militaires pour la durée de la guerre », et que je pus me rendre en Turquie comme simple civil.

Fin mars 1916 nous fîmes notre voyage de noces à Constantinople ; quelques semaines plus tard nous pénétrâmes en Asie Mineure. Bozanti[22] dans les monts Taurus[23], Tcham Ulan Chan sur les hauteurs des Taurus,

---

21 L'Empire ottoman était l'allié de l'Allemagne et de l'Autriche-Hongrie (Triple Alliance ou Triplice). La France et la Grande-Bretagne attaquèrent la Turquie, lors de l'offensive des Dardanelles, appelée aussi "campagne de Gallipoli" (25 avril 1915-9 janvier 1916).

22 Pozanti, ville de la province d'Adana en Turquie.

23 Chaîne de montagnes turques, formant la bordure sud-est du plateau de l'Anatolie.

près des Portes ciliciennes[24], Güleck[25] près de Tarse[26], Djérablisse[27] sur l'Euphrate nous semblèrent devoir être envisagés pour le choix d'un futur port d'attache ; c'est presque contre toute attente qu'Alep devint finalement notre champ d'action, pour une durée de deux ans et demi d'abord.

Il en alla de même plus tard. Avec la défaite de l'Allemagne et de la Turquie c'en était fini des projets missionnaires élaborés en 1914 par la Mission de Francfort pour Alep. Il lui fallut même évacuer les anciens établissements de la Turquie proprement dite, et nous nous préparâmes à nous rendre à Marache pour y remplacer les missionnaires allemands expulsés. Mais la porte pour y accéder resta close ; au lieu de cela la Syrie passa sous mandat français, et pour l'Alsacien que j'étais, devenu Français entre temps, la route d'Alep était de nouveau ouverte. C'est d'ailleurs à Alep que se formèrent, avec l'évacuation de la Cilicie par les troupes françaises et la fuite de la population arménienne, les plus grandes concentrations de réfugiés. À l'occasion de notre séjour en Orient pendant la guerre, nous avons pris clairement conscience, devant les souffrances des Arméniens, que nous devions d'abord nous consacrer à eux, et mettre en attente notre projet de mission auprès des musulmans.

On s'est souvent posé la question de savoir pourquoi c'est précisément à Strasbourg qu'est née une œuvre de

24 Portes ciliciennes ou Portes de Cilicie, principal passage à travers les monts Taurus.

25 Au début du XXe siècle, village des monts Taurus, près des Portes ciliciennes appelées aujourd'hui « passage de Gülek ».

26 Ville de Cilicie, en Turquie, ville natale de saint Paul, dit Paul de Tarse.

27 Ville de Syrie.

bienfaisance pour les Arméniens. Comme on voit, il y a un lien très étroit avec le destin si particulier de l'Alsace.[28]

Pendant la guerre, notre travail à Alep n'avait aucun caractère missionnaire, même s'il s'agissait pour l'essentiel d'une activité chrétienne. En dehors des cultes, que j'assurais généralement moi-même pour la communauté de langue allemande, nous devions œuvrer dans les foyers militaires, où il nous fallait non seulement nous occuper de l'approvisionnement, de l'hébergement, etc., mais aussi apporter un soutien spirituel et religieux à nos hôtes – par des dévotions, des conférences, de la musique, et d'autres occupations de ce genre. Je souligne, à titre de curiosité, que ma femme et moi donnions des cours de français à des officiers et à des soldats allemands[29]. La langue française est si répandue en Orient que les militaires allemands ne pouvaient s'en passer dans leurs relations avec les Turcs, alors leurs alliés, et encore moins avec la population chrétienne.

À mon travail à Alep même s'ajouta plus tard la charge de directeur de la section "foyers militaires" pour la Syrie et la Palestine. Cela impliquait de nombreux voyages et beaucoup de fatigue, mais rendit possible aussi une meilleure connaissance du pays et de ses habitants.

Les déportations d'Arméniens eurent lieu peu de temps avant notre arrivée à Alep. Des dizaines de milliers de

28 L'auteur fait évidemment allusion au va-et-vient de l'Alsace entre France et Allemagne, en 1870 et 1918.

29 À l'époque, la langue française était ignorée des masses populaires alsaciennes, qui ne s'exprimaient, à l'oral, que dans le dialecte alémanique d'Alsace, et à l'écrit, en allemand standard. Seuls apprenaient le français les quelques privilégiés des classes supérieures qui avaient accès aux études, comme le pasteur Berron et sa femme.

pauvres hères furent chassés à travers la ville en direction de l'Euphrate. Pour comble de malheur, une épidémie de typhus éclata, d'abord parmi les Arméniens, puis chez les habitants de la ville, causant plus de vingt mille victimes, semblerait-il. Tout le monde était encore sous le choc de ces événements. Le spectacle de si grands maux nous fut épargné ; nous vîmes néanmoins, dans le particulier, bien des misères. La ville grouillait d'Arméniens qui avaient fui le désert et vivaient dans une extrême pauvreté, quand ils ne rendaient pas l'âme en pleine rue. C'était d'ailleurs l'époque où, à Deir ez-Zor, avaient lieu les tueries massives. Nous en avons parlé plus haut.

À Alep même il n'y eut pas, pendant toute la durée de la guerre, de persécutions ni de massacres ; les habitants d'origine arménienne ne furent pas même déportés. La présence sur place du consul américain Jackson ainsi que du consul allemand Rössler n'y était sans doute pas pour rien. Ce dernier précisément, qui était un homme et un chrétien d'un esprit très généreux, presque autant philosophe et théologien que juriste, se dépensa sans compter pour les Arméniens. Il recueillit d'innombrables rapports sur leurs souffrances et les envoya au Ministère des Affaires Étrangères à Berlin. Ce n'est en tout cas pas sa faute si le gouvernement allemand ne fit pas grand chose pour empêcher les persécutions contre les Arméniens. Qu'on me permette une anecdote. Lorsqu'à Marache les tueries allaient commencer, sœur Béatrice Rohner vint en toute hâte à Alep pour l'appeler à l'aide. Aussitôt le consul, toutes affaires cessantes, se rendit à Marache en passant par Aintab[30], sous prétexte d'un petit séjour de vacances.

30 Aintab (en arabe) ou Gaziantep (en turc) est une ville de Turquie, préfecture de la province du même nom, située au sud-est de l'Anatolie ou nord-ouest de la Mésopotamie.

Sa visite chez le *Mutessarif* (Préfet) du lieu fit comprendre à celui-ci qu'il n'était pas possible que l'on permît qu'il y eût des tueries sous les yeux du consul ; les Turcs de Marache devaient encore récriminer longtemps contre la « *hanum* noire » (la missionnaire aux cheveux noirs) et le consul étranger qui les avaient privés de la joie d'un massacre. Ce voyage fut évidemment mal interprété - nous avons nous-même lu dans un rapport américain que le consul Rössler d'Alep aurait spécialement fait le voyage d'Aintab pour y prendre personnellement la direction des massacres. C'est avec d'autant plus de plaisir que nous témoignons, dans l'intérêt de la justice, de sa véritable position dans cette affaire des persécutions contre les Arméniens.

Le *wali*[31] turc d'Alep ne put donc pas organiser de persécutions à Alep ; il avait cependant reçu du gouvernement de Constantinople des instructions très strictes concernant la poursuite des déportations vers le désert où les déportés devaient ensuite être exterminés. Lorsque en novembre 1918 les Alliés entrèrent à Alep, il leur livra spontanément les documents idoines pour prouver qu'il avait dû agir sur ordre venu d'en haut. Voici un échantillon de ce qu'on peut y lire :

« À la Préfecture d'Alep !

Le droit des Arméniens de vivre et de travailler sur le territoire de la Turquie est aboli. Le gouvernement, qui en assume la totale responsabilité, a ordonné que l'on ne laisse pas même les nourrissons dans leur berceau. Dans certaines provinces cet ordre a été exécuté. Pour des raisons inconnues d'aucuns font des exceptions en

31 Chef du Vilayet, entité administrative entre le département et la province.

permettant à certaines personnes de rester à Alep au lieu de les faire partir pour leur lieu de bannissement. On met ainsi le gouvernement devant de nouvelles difficultés. Ordre vous est donné de faire partir, sans invoquer aucune excuse, les femmes et les enfants quels qu'ils soient, et même ceux qui ne peuvent pas marcher... 9 Septembre 1915. Le Ministre de l'Intérieur. Talaat. »[32]

On ne saurait trouver de preuve plus claire de l'éradication des Arméniens sur ordre du gouvernement turc. Comme nous l'avons déjà dit, on pouvait voir à Alep les conséquences de ces mesures dans le pitoyable spectacle qu'offraient les rescapés du désert.

Nous faisions de notre mieux pour soulager tant de misère. Il nous fut possible d'obtenir de l'aide en Alsace. Pendant la guerre, il n'était certes pas possible de publier quelque chose en Allemagne sur le sujet de la persécution des Arméniens, mais je réussis tout de même à faire paraître deux articles dans le *Evangelisches Sonntagsblatt*[33] de Strasbourg ; peut-être échappèrent-ils à l'attention de la censure. Il me fut aussi possible, à l'occasion d'un congé début 1918, de faire une conférence publique sur les malheurs des Arméniens. C'est ainsi que fut éveillée la compassion de personnes charitables, et leurs dons apportèrent çà et là un peu de lumière dans nos ténèbres. Hélas ! C'était encore bien peu de chose pour une

---

32 La presse américaine s'alarme très tôt des exactions commises par les Turcs contre les chrétiens. Dès janvier 1915, le *New York Times* titre que les chrétiens sont en grand danger en Turquie et que Talaat Pacha a déclaré clairement qu' « il n'y a pas de place pour les chrétiens en Turquie », *« Says Turks advise Christians to flee »*, *The New York Times*, 11 janvier 1915, cité dans *Qui s'en souviendra ? 1915 : le génocide assyro-chaldéo-syriaque*, p. 113.

33 Journal protestant de l'époque, paraissant le dimanche.

misère sans fond. Une autre façon, pour nous, d'apporter de l'aide à quelques-uns, fut de n'engager, pour nos maisons à Alep, que du personnel arménien, jusqu'à vingt-cinq personnes. Ils avaient ainsi du travail, du pain, et aussi une protection contre la police turque qui était tout le temps à la recherche d'Arméniens. Nos employés arméniens nous donnaient entière satisfaction et nous payèrent de retour par leur loyauté et leur grand zèle. Cependant, même chez nous ils n'étaient pas complètement hors de danger. Il arriva que la police fît intrusion chez nous pour s'emparer d'Arméniens. Un jour, les policiers voulurent emmener notre fidèle Agop Garmirian, une aide précieuse pour nous et sans pareil pour ses capacités, son dévouement et sa fidélité. Mais il nous fut possible de lui faire passer un signal afin qu'il quittât la maison avant qu'elle ne fût fouillée. C'est avec émotion que je pense aussi à ces braves et silencieuses femmes qui travaillaient chez nous, dont certaines avaient perdu mari et enfants, mais qui étaient des créatures de Dieu fortes dans la souffrance.

L'aide la plus importante qui fut apportée aux expulsés arméniens à Alep fut le travail réalisé par sœur Béatrice Rohner. Elle était Suissesse, comme nous l'avons déjà dit plus haut, et était à l'époque au service de la Mission de Francfort à Marache. Elle finit par quitter cette ville pour suivre les déportés arméniens dans le désert, ce que les Turcs lui déconseillèrent évidemment. Elle obtint par contre de Djemal Pacha, alors gouverneur général et chef des armées turques en Syrie, l'autorisation de recueillir des orphelins arméniens. Elle fonda des orphelinats à Alep, où furent hébergés jusqu'à neuf cents orphelins ; non moins important fut tout le travail de soutien, aux nombreuses ramifications, qu'elle déploya au service des Arméniens dans le désert. Elles disposaient de moyens importants, en provenance aussi bien de notre Mission que de Suisse et d'Amérique, grâce auxquels bien des misères purent être soulagées et des estomacs affamés apaisés. Cependant, le gouvernement turc avait formellement interdit que l'on apportât quelque aide que ce fût aux expulsés arméniens, car celle qu'il fournissait aux déportés, disait-il, était largement suffisante ! (En réalité, bien souvent on les a laissé systématiquement mourir de faim !) C'est pourquoi tout ce travail de soutien dut être fait en cachette (très souvent par des messagers déguisés qui venaient de nuit chez sœur Béatrice Rohner, faisant des voyages de plusieurs jours, jusque sur les bords de l'Euphrate, pour essayer de venir en aide à leurs compatriotes affamés au risque de leur propre vie et plus d'une fois ils en subirent les conséquences lorsque, malgré leur déguisement, ils étaient reconnus et leur activité découverte). Les Arméniens n'ont pas oublié ce que cette sœur missionnaire, qui, pour nombre d'entre eux, fut aussi une « Mère en Christ », a fait pour le peuple arménien dans ces temps d'extrême noirceur.

Chapitre 6

Pourquoi les Turcs ont persécuté les Arméniens

La haine qu'éprouvent les Turcs à l'égard des Arméniens doit avoir ses raisons. La question est loin d'être claire. D'aucuns disent que les raisons sont d'ordre religieux (haine des mahométans pour les chrétiens) ; d'autres disent que les raisons sont d'ordre politique (les Turcs auraient vu les Arméniens comme un ferment révolutionnaire, dont il fallait craindre un soulèvement nationaliste contre l'autorité turque) ; d'autres encore soulignent que ce sont des raisons économiques qui auraient suscité la haine, pas tout à fait illégitime, des Turcs contre l'Arménien futé qui toujours les roule dans la farine. En réalité, ce n'est pas seulement l'une de ces raisons qui serait pertinente, mais c'est ensemble qu'il faut les prendre en considération si l'on veut comprendre pourquoi la Turquie a pris contre les Arméniens des mesures de persécution et d'extermination.

Commençons par la raison évoquée en dernier. Il faudrait la prendre un peu plus au sérieux si les Arméniens étaient vraiment le peuple de marchands pour lequel on les prend souvent. Quiconque pense ou affirme cela ne prouve que sa propre ignorance. En réalité, le peuple arménien est depuis toujours constitué principalement de ruraux, et en deuxième lieu, d'artisans, très appréciés par les Turcs eux-mêmes. On trouve ensuite chez les Arméniens beaucoup d'intellectuels : instituteurs, professeurs, médecins, pharmaciens, juristes, etc. Les commerçants ne représentent qu'un pourcentage très faible. Et ceux-ci n'ont pas du tout été les seuls à être persécutés, par exemple dans les villes, mais on s'en est pris aussi aux autres, à la population tranquille et pacifique des campagnes.

On peut mesurer le peu de poids qu'ont eu les raisons d'ordre économique dans les propos qu'un Turc d'Aintab a tenu, lorsque les déportations commencèrent, à un sien ami arménien très respecté. Il lui dit à peu près ceci : « Je regrette ce qui arrive, pour toi et ta famille, car nous sommes amis ; mais vous les Arméniens vous avez cinquante ans d'avance sur nous les Turcs, et il ne nous est plus possible de rattraper notre retard autrement. » Une franchise quelque peu brutale, mais qui dit vrai. La supériorité culturelle et économique des Arméniens (fruit non de leur roublardise, mais tout simplement de leur activité, de leur zèle et de leurs capacités) a toujours piqué les Turcs au vif ; cela ne pouvait être toléré, et l'on trouva le moyen d'assurer, dans ce domaine aussi, la supériorité du fier peuple turc.

Pour ce qui regarde le point de vue politique, il y avait parmi les Arméniens, sans l'ombre d'un doute, un mouvement qui s'était donné comme but la séparation et la libération de l'Arménie, peut-être avec l'aide de la Russie. Quiconque connaît, ne serait-ce qu'un peu, l'histoire et la situation des Arméniens sous domination turque, ne peut que comprendre ces aspirations. S'ils avaient eu du succès, ceux qui auraient libéré leur peuple de l'oppression seraient célébrés dans le monde entier et par l'histoire universelle comme des héros libérateurs. Mais comme ils n'ont pas réussi, on leur en fait grief un peu partout, et l'on déclare que les mesures prises par les Turcs sont justifiées.

Il est singulier, pour ne pas dire scandaleux, de voir comme on trouve toujours des raisons d'accabler un peu plus un peuple déjà écrasé par le malheur. D'aucuns lui tiennent rigueur, ai-je dit, de ces tentatives de libération et de résistance, qui n'étaient d'ailleurs pas nombreuses (Van[34], Zeïtoun[35], Urfa[36]), et étaient désapprouvées par beaucoup d'autres Arméniens, lesquels s'en indignaient car ils ne savaient que trop bien que les Turcs trouveraient là des raisons de prendre des mesures contre toute la nation arménienne. D'un autre côté, d'aucuns critiquent le peuple arménien et veulent le tenir en piètre estime parce qu'il s'est laissé conduire à l'abattoir sans opposer de résistance ; ils oublient simplement que les Turcs ont eu soin de commencer par désarmer les Arméniens. Quiconque est dans le malheur a toujours tort ! Et puis, quel manque de noblesse d'âme que d'accumuler des calomnies sur le dos de gens malheureux ! Voilà encore quelque chose que l'on peut apparemment se permettre à l'égard du peuple arménien.

L'aspect politique de la question arménienne peut être défini comme un problème de « minorité nationale ». Les Arméniens ont toujours constitué pour la Turquie, d'un point de vue national, un corps étranger. Il faut reconnaître, en toute justice, que pour les Turcs ce n'était pas là un petit problème, d'autant plus que la question arménienne était instrumentalisée par les grandes puissances, surtout la Russie, pour leur créer des difficultés. Les dirigeants turcs ont voulu mettre fin à cet épineux problème en mettant fin à l'existence de

---

34 Ville de Turquie orientale, peuplée majoritairement d'Arméniens avant 1915.

35 Ville de Turquie, au nord-ouest de Marache.

36 Ville de l'Anatolie du sud-est (Şanliurfa, anciennement Édesse).

l'Arménie. Pour ce faire ils ont mis à profit la Grande Guerre, qui a poussé une partie des puissances européennes[37] à nouer une alliance avec la Turquie, se liant par là même les mains, tandis que les autres puissances européennes étaient, à cause de la guerre, trop loin du théâtre des persécutions.

Quand les Alliés, seulement après le début de ces persécutions, firent figurer parmi leurs buts de guerre la libération de l'Arménie et son accès à l'autonomie, ce fut pour les Turcs une bonne raison de liquider les Arméniens, en les massacrant ou en les expulsant, afin de conserver les provinces arméniennes. L'Arménie sans les Arméniens !

Les Arméniens qui vivaient en dehors de la Turquie, en Russie, en Égypte, en Europe et en Amérique, prirent naturellement parti contre la Turquie et pour l'Entente ; on créa des légions arméniennes, où figurèrent bon nombre d'Arméniens de Turquie, lesquels livrèrent aux Turcs un combat acharné, avec un courage remarquable parfois (le général Antranig dans le Caucase). Cela fournit évidemment aux Turcs des raisons de considérer les Arméniens comme des ennemis et des traîtres, et de les traiter en conséquence.

Malgré toutes les circonstances pour lesquelles on peut avoir de la compréhension, tant chez les Arméniens que chez les Turcs, ce fut tout de même, de la part de ces derniers, un choix monstrueux que de résoudre la question arménienne, ce problème de minorité nationale, par la persécution de tout un peuple, en envoyant même les femmes et les enfants à l'abattoir. Que dirions-nous si cette

37 Principalement l'Allemagne et l'Autriche-Hongrie.

méthode était appliquée aux minorités nationales au Tyrol ou en Pologne ? On n'arrive même pas à le concevoir.

On ne comprendra vraiment le comportement des Turcs à l'égard des Arméniens (et d'autres chrétiens !) que si l'on prend aussi en considération les causes religieuses des persécutions. Celles-ci n'ont guère pesé chez des hommes d'État de premier plan, comme Talaat Pacha, Enver Pacha ou Djemal Pacha. Ils étaient tout aussi libre-penseurs que Mustapha Kemal Pacha[38], le héros turc de l'après-guerre. Mais pour le peuple turc lui-même, comme pour les autres populations mahométanes, la religion a joué un rôle qu'on ne peut sous-estimer. Quiconque connaît ce peuple-là sait combien il est facile d'exciter ses plus sauvages instincts contre les chrétiens.

Deux exemples, que nous devons à un témoin oculaire fiable, un vieux commerçant allemand de Constantinople, un homme par ailleurs très turcophile, nous donnent un aperçu de l'âme mahométane. Tous les deux se situent non dans la période des persécutions, pendant la guerre, mais avant la guerre. Monsieur M. se trouvait à Konya[39], et là il vit un mendiant mahométan aveugle assis devant le monastère des derviches et qui grattait les cordes d'une sorte de violon tout en chantant, afin d'obtenir des aumônes des passants. C'était à une époque où l'on persécutait les Arméniens, et voilà que Monsieur M. entend le mendiant se plaindre, moitié chantant, moitié parlant, de ne pouvoir, en ces jours très saints où Dieu

38 Mustafa Kemal Pacha Atatürk (1881 - 1938), principal artisan de la République turque.

39 Konya, l'ancienne Iconium, est la ville la plus grande (en superficie) de Turquie, préfecture de la province du même nom. Elle est située au centre sud du pays, et est un important centre religieux.

(Allah) avait permis de tuer les infidèles, participer à cette œuvre pie agréable à Dieu, à cause de sa cécité. Des passants turcs, en entendant cela, partent précipitamment et reviennent bientôt en traînant une femme arménienne ; ils la forcent à s'accroupir devant l'aveugle, mettent à celui-ci un couteau dans la main qu'il plonge aussitôt, animé d'une rage sauvage, dans le corps de la malheureuse, afin de participer à « cette œuvre pie agréable à Dieu ». Monsieur M. raconta qu'il se précipita dans le monastère, chez un cheikh de sa connaissance. « Je suis malade d'écœurement et d'indignation après ce que j'ai vu », lui dit-il. Mais le cheikh se contenta de hausser les épaules : « Moi, je n'aurais pas fait cela, mais notre peuple est comme ça, que voulez-vous ? À propos, qu'est-ce qu'on faisait chez vous, dans la chrétienté, à l'époque de l'Inquisition ? »

L'autre événement eut pour théâtre Constantinople. Là, Monsieur M. vit une charrette remplie de cadavres d'Arméniens que l'on conduisait par une des principales rues du quartier de Galata[40]. L'un des cadavres donnaient encore des signes de vie ; il dépassait un peu de la charrette. Un prêtre mahométan le voit ; il s'arme d'un gros bâton, court derrière la charrette, frappe le corps à moitié mort, jusqu'à ce qu'il ne donne plus aucun signe de vie. Alors il recueille dans le creux de ses mains le sang qui s'écoule du corps, s'en barbouille le visage, reste debout les mains sanglantes étendues (comme font les mahométans pour la prière), le visage sanglant levé vers le ciel et, à voix haute, remercie Dieu de lui avoir donné l'occasion de faire ses ablutions dans le sang de cet

40 Situé au nord de la Corne d'Or, célèbre, entre autres, par la "Tour de Galata" construite par les Génois en 1348, pour défendre l'entrée de la Corne d'Or.

infidèle. Un aveuglement aussi terrifiant nous scandalise ; mais nous voyons s'accomplir la parole de Jésus : « Le temps viendra où celui qui vous tuera croira rendre service à Dieu. » (*Évangile de Jean* 16,2) Le cheikh dont j'ai parlé plus haut avait raison en faisant allusion à l'Inquisition, car elle a en effet agi conformément à cette parole. Mais les mahométans, ainsi qu'ils l'ont fait au cours des persécutions contre les Arméniens, ont eux aussi toujours tué et assassiné en prétendant agir au nom de Dieu. Ce que l'on pourrait encore ajouter sur le sujet des persécutions religieuses a déjà été exposé plus haut (chap. 4). On retiendra que les souffrances des chrétiens arméniens sont un avatar de la grande confrontation entre Islam et Chrétienté. Et de fait, ces dernières années, de nombreux Arméniens ainsi que d'autres chrétiens orientaux ont indéniablement, et en toute conscience, subi la mort en martyrs de la foi chrétienne. Ils auraient bien souvent pu y échapper par la conversion, mais ils ont voulu rester fidèles à leur Sauveur « jusqu'à la mort ! »

Chapitre 7

Des Turcs amis des Arméniens

Il existe des documents, avons-nous entendu, qui prouvent de façon irréfutable que le gouvernement turc d'alors recherchait l'extermination systématique des Arméniens, entreprise qui a failli réussir. La population turque et les autres musulmans, enfiévrés par le nationalisme, brûlant de convoitise à l'idée de pouvoir mettre la main sur les biens des Arméniens et embrasés par le fanatisme religieux, y participèrent souvent volontiers. Dans bien des cas cependant, il y eut des Turcs pour désapprouver les mesures prises contre les Arméniens, certains essayant même de s'y opposer. « Ne m'en parlez pas ! », s'exclama un de nos amis, un ingénieur turc, quand nous voulûmes aborder le sujet. « C'est une honte pour ma nation que d'avoir trempé là-dedans. Nous sommes quelques-uns à ne pas être d'accord avec ça, mais nous étions trop faibles pour l'empêcher ; le rouleau compresseur du chauvinisme est lancé et plus personne ne peut l'arrêter. » Après la défaite de la Turquie, fin 1918, et l'occupation de Constantinople par les Alliés, de nombreuses voix, qui auparavant étaient condamnées au silence, s'exprimèrent dans ce sens dans les journaux.

À Alep, l'inspecteur de division turc, le lieutenant-colonel Kémal Bey, fit installer des logements pour travailleurs afin d'y accueillir les innombrables réfugiés, principalement des femmes qui avaient pu échapper au désert et gagner Alep, dans les rues de laquelle elles commençaient à mourir de faim. Là on leur donnait au moins un maigre bout de pain et on les traitait avec une certaine humanité.

On a rapporté des cas où des fonctionnaires turcs préférèrent être renvoyés plutôt que d'exécuter les ordres cruels de leur gouvernement. Lorsque les Alliés approchèrent d'Alep, ordre fut donné d'arrêter le pasteur protestant arménien Aaron Schiradjian, directeur d'un orphelinat à Alep, sans doute pour le liquider encore en vitesse. Heureusement, il avait pu se mettre à l'abri à temps et il demeura introuvable jusqu'à l'arrivée des Anglais. Un mahométan l'avait caché dans sa maison. Des cas comme ceux-là, où des Turcs ou d'autres mahométans sauvèrent des Arméniens ou leur apportèrent de l'aide d'une façon ou d'une autre, furent plus nombreux qu'on pourrait le croire, et ne doivent pas être oubliés. D'ailleurs, il est hors de question que nous disions jamais du mal du peuple turc en tant que tel, malgré toutes les horreurs commises, car il ne manque pas de qualités fort estimables.

Un mot encore sur Djemal Pacha, dont nous avons déjà parlé. Il était gouverneur général et commandant en chef pour la Syrie et la Palestine, et en même temps ministre de la marine. Dans son domaine il était pratiquement tout puissant. Un mot de lui suffisait, et c'en était fait de vous. La potence était souvent dressée à cette époque, surtout pour des gens politiquement suspects. Talaat Pacha, le ministre de l'intérieur, Enver Pacha, le ministre de la guerre, et lui formaient le triumvirat qui tenait alors les rênes de la Turquie. Néanmoins, il passait pour être moins cruel envers les Arméniens que les deux autres. Il a sans doute souscrit aux déportations comme à une mesure destinée à rendre les Arméniens définitivement inoffensifs en tant que nation, et à assurer de manière absolue la domination des Turcs. Je me souviens d'un entretien approfondi que j'eus avec lui, au cours duquel il s'exprima de façon détaillée sur les buts de la politique turque. « Jadis, notre idéal était l'*ottomanisme*, selon lequel chaque peuple de l'empire devait avoir les mêmes droits que les autres ; aujourd'hui, notre idéal est le *"turquisme"*, d'après lequel la nation turque doit exercer une domination absolue sur tous les autres peuples de l'empire. Elle a prouvé sa supériorité pendant les dernières guerres et peut donc exiger que tous, les Arabes en particulier, se soumettent à elle, apprennent à parler sa langue, etc. » C'est cette politique de la Turquie, soit dit en passant, qui a entraîné la sécession des Arabes du Hedjaz. Une conséquence particulièrement cruelle en furent les persécutions contre les chrétiens.

Djemal Pacha semble cependant avoir voulu et pratiqué dans les territoires sous sa juridiction, une forme moins cruelle de la déportation, au moins à partir d'un certain moment. Un témoin oculaire nous a rapporté qu'en sa présence Djemal Pacha fut informé qu'un soldat turc avait fait subir les derniers outrages à une Arménienne ; il a aussitôt donné l'ordre de faire fusiller le coupable. Il a aussi voulu aider à sa façon les déportés qui avaient réussi à gagner la Syrie en leur recommandant de se faire inscrire sur des listes sous des noms turcs, afin de rendre impossible toute persécution contre ces prétendus musulmans; lui-même semble n'avoir songé qu'à une conversion de façade (sur ce sujet, voir plus haut le chapitre 4).

Nous ne voudrions pas priver nos lecteurs de l'anecdote suivante. Nos jeunes serviteurs arméniens étaient régulièrement, au cours des commissions dont ils étaient chargés en ville, interpellés par la police turque. Celle-ci était tout le temps à la recherche d'hommes soumis à l'obligation du service militaire. On voyait presque tous les jours passer dans les rues des groupes d'hommes attachés les uns aux autres : des musulmans, des chrétiens, des juifs (on les appelait ironiquement « volontaires turcs »), que l'on conduisait vers les casernes. Pour les Arméniens cela signifiait souvent plus qu'un pénible service militaire ; on ne les envoyait que trop souvent dans le désert pour les y tuer. Que faire pour protéger d'un tel sort nos jeunes et vaillants gaillards ?

Et voilà que Djemal Pacha arrive à Alep. Je sollicite une audience. Il était, comme à son habitude, fort aimable et accepta visiblement de bon cœur mon invitation de venir un jour visiter notre foyer pour officiers et soldats. C'était le prétexte qui devait me permettre d'atteindre mon but. Il vint quelques jours plus tard, accompagné de son aide de camp, un officier de marine, visita notre maison et accepta à la fin de boire avec nous une tasse de thé. Était aussi présente, outre ma femme, une sœur du foyer qu'il connaissait, la Princesse Brigitte Reuss[41]. Quand le moment me parut opportun, j'abordai le sujet. « Bien sûr, si les jeunes étaient en âge d'accomplir le service militaire, il n'y aurait rien à faire ; quel âge avaient-ils donc ? » Je répondis en toute vérité que je n'en savais rien ; les jeunes concernés ne le savaient pas eux-mêmes, ils avaient été recueillis comme orphelins et nous avaient été remis par un orphelinat. « Montrez-moi donc ces jeunes gaillards, afin que je puisse me faire une idée de l'âge qu'ils peuvent avoir », me dit le Pacha. J'allai chercher le plus petit ! Tremblant sur ses jambes, le garçon se tenait devant le

---

41 Brigitte Prinzessin Reuss zu Köstritz (1889-1929), membre d'une ancienne et nombreuse famille aristocratique allemande, dont le château se trouve à Bad Köstritz, en Thuringe (Allemagne).

Tout-Puissant, lequel le congédia avec condescendance d'un signe de la main. Non, ceux-là n'étaient pas encore bons pour le service ; il leur ferait établir des laisser-passer pour qu'ils soient libérés ; nous n'avions qu'à lui donner les noms. Devant ces laisser-passer, signés de la main de Djemal Pacha en personne, même le policier le plus sourcilleux se mettait au garde-à-vous et relâchait sa victime.

Plus tard, Djemal Pacha fut assassiné par un Arménien, de même que Talaat Pacha. En tant que chrétiens nous savons qu'il y a des raisons plus élevées, au-dessus de la trop humaine vengeance, aussi compréhensible que soit celle-ci. Quiconque condamne ces vengeurs de leur nation, persécutée jusqu'à la mort, devra aussi condamner un homme comme Guillaume Tell[42]. Djemal Pacha avait, sans discussion possible, sa part de responsabilité dans les malheurs des Arméniens, malgré ce que nous avons dit plus haut, et on pourra difficilement dire qu'il n'a pas mérité son sort.

42 Héros de l'indépendance de la Suisse, qui aurait vécu dans le canton d'Uri au début du XIVe siècle. A tué le bailli impérial Hermann Gessler, qui l'avait obligé à tirer avec son arbalète dans une pomme posée sur la tête de son fils.

Chapitre 8

Kurdes et Arméniens

Les tribus kurdes, en partie nomades, en partie sédentarisées, qui vivent dans les confins de la Turquie et de la Perse, furent jadis les pires bourreaux des Arméniens. Leur penchant pour le pillage et leur naturelle sauvagerie furent utilisées par le gouvernement turc pour tourmenter les Arméniens, souvent même pour les faire tout simplement massacrer. Au cours des dernières persécutions, pendant la Grande Guerre, il n'en alla pas toujours ainsi. Bien des fois les Kurdes refusèrent de jouer les bourreaux au profit des Turcs, voire de leur donner un simple coup de main ; ils arriva même qu'ils prissent le parti des persécutés. Ainsi, les Arméniens savaient que s'ils réussissaient à gagner le territoire des Kurdes Dersim, ils seraient sauvés et trouveraient auprès de ceux-ci, dans leurs montagnes, protection contre les Turcs.

Cela s'explique par une certaine communauté de souffrance. Les Kurdes ont pu se rendre compte que le maître turc, aux idées très nationalistes, ne nourrissait pas non plus de sentiments amicaux à leur égard. Ce ne fut pas pour moi une petite surprise que de voyager une fois en compagnie d'un colonel turc (c'était dans la nuit de la Saint Sylvestre 1916-1917, dans le train de Bagdad qui me ramenait de la Mésopotamie à Alep, par-dessus l'Euphrate), lequel s'avéra être Kurde, et de ne l'entendre parler des Turcs, malgré son rang élevé dans l'armée ottomane, qu'en termes extrêmement amers. Il leur reprochait de maintenir intentionnellement le peuple kurde dans l'ignorance et de ne rien épargner pour l'affaiblir. « Ne croyez surtout pas que nous nous battons pour les Turcs », déclara-t-il ; « nous ne nous battons pas tant pour les Turcs que contre les Russes, lesquels sont à nos yeux pires. » Un autre jour je bavardai avec un jeune officier turc de nationalité kurde, qui me déclara avec amertume : « Avez-vous vu ce que les Turcs ont fait aux Arméniens ? C'est exactement ce qu'ils nous feront à nous, les Kurdes, dès qu'ils seront assez forts pour le faire ! »

Cette sinistre prophétie s'avéra exacte ; déjà pendant la Grande Guerre il y eut des déportations de Kurdes, à l'occasion desquelles il n'y eut cependant pas de persécutions sanglantes, mais tout de même de nombreuses victimes dues aux conditions du voyage. Ajoutons à cela la cruauté avec laquelle fut réprimé le soulèvement kurde de 1925, lequel ne peut pas nous étonner après ce que nous venons de dire un peu plus haut. Quant aux autres tragédies qui se sont déroulées depuis la guerre dans les montagnes du lointain Kurdistan, toute la lumière n'a pas encore été faite sur le sujet.

Chapitre 9

Joie brève

C'est en septembre 1918 que le front fut enfoncé en Palestine, un peu avant la débâcle sur le front de l'Ouest. Les Turcs furent repoussés, de même que leurs alliés allemands et autrichiens, et les armées des Alliés occupèrent progressivement la Palestine, la Syrie et la Cilicie[43], de même que les territoires des confins de la Turquie, en particulier Constantinople. C'était la fin de la Turquie, semblait-il, et les chrétiens persécutés étaient remplis de joie. L'heure de la délivrance définitive du joug turc semblait avoir sonné. Les hommes d'État de premier plan de tous les pays avaient fait des promesses solennelles ; la libération de l'Arménie avait été mise au rang des buts de guerre des Alliés.

Les Grecs manifestèrent leur joie plus bruyamment que les Arméniens ; des navires de guerre grecs avaient jeté l'ancre dans le Bosphore et dans la Corne d'Or[44], en compagnie des navires des Alliés. Le drapeau grec flottait avec les drapeaux des Alliés sur la tour de Galata, à Constantinople. La presse grecque, soudainement ressuscitée, n'exigeait pas moins que la restitution de Sainte Sophie au culte orthodoxe, et même la libération totale de Constantinople de la domination turque, ainsi que

---

43 Région historique d'Anatolie méridionale, située en Turquie. Elle correspond à peu près à la province d'Adana (entre les monts Taurus et Amanos et la Méditerranée).

44 Estuaire commun à deux rivières qui se jettent dans le Bosphore à Istanbul. Port naturel aménagé dans l'Antiquité grecque pour former la ville de Byzance.

la remise de la Ville aux Grecs en tant que descendants des anciens Byzantins. On célébrait tout particulièrement le nom du Président Wilson, dont le portrait occupait une place d'honneur dans toutes les vitrines et était diffusé massivement sous forme de cartes postales. On entendit alors s'élever des voix turques qui se désolidarisaient des massacres de chrétiens et les condamnaient publiquement, des voix qui, avant, n'avaient pas le droit de se faire entendre. Peut-être cherchait-on aussi parfois à s'attirer les bonnes grâces des Alliés en mettant la faute sur le dos de ceux qui étaient aux commandes pendant la guerre et dont la plupart étaient en fuite. Plus d'un coupable, certes, put être arrêté et condamné.

Des trains entiers remplis d'Arméniens venaient de la Syrie, de la Mésopotamie, et ramenaient les réfugiés chez eux. Les Alliés avaient en particulier le souci d'obtenir la restitution des femmes chrétiennes et des enfants se trouvant dans des maisons musulmanes. Nous-mêmes logions à Haidar Pacha[45], dans un immeuble dont l'étage au-dessus de notre appartement était occupé par un colonel turc, lequel avait pour femme une Arménienne qu'il avait obligée à l'épouser. Il tenait beaucoup à elle, mais cela ne servit à rien : il dut lui rendre sa liberté. Ces mesures cependant ne pouvaient être prises et appliquées que dans les territoires occupés par les Alliés. Des dizaines de milliers de femmes et d'enfants arméniens sont restés à jamais aux mains des Turcs, des Kurdes et des Arabes.

Les Arméniens croyaient qu'une Arménie indépendante

45 Haidar Pacha, dont la tradition dit qu'il fut l'un des douze généraux commandant l'armée ottomane lors de la conquête de Nicosie (Chypre), en 1570. Nom souvent utilisé pour baptiser des lieux publics.

verrait le jour, conformément aux promesses qui leur avaient été faites ; on parlait d'un territoire s'étendant de la Méditerranée à la mer Noire, qui devait former un État tampon entre les Turcs et les tribus arabes de l'Est. De ce projet il resta fort peu dans le traité de Sèvres[46], qui n'attribua aux Arméniens que trois provinces de l'Arménie turque, et même ces décisions ne furent jamais appliquées. Toutes les attentes et tous les espoirs n'étaient qu'illusion.

Courte fut aussi la joie des Arméniens de la Cilicie[47], qui avaient pu rentrer chez eux, reconstruire leurs maisons dévastées et reprendre les travaux des champs. Nous savons aujourd'hui comment l'abandon de la Cilicie[48] par les Alliés priva les Arméniens du dernier lopin du territoire qui aurait pu constituer un foyer national pour les Arméniens de Turquie.

Il est bouleversant de voir avec quelle rapidité les soupirs de soulagement des chrétiens d'Orient furent suivis d'une incroyable déception. Non, ce qui se produisit après la débâcle de l'automne 1918 ne fut pas la fin de la Turquie, mais la fin de l'Arménie, et en particulier de la présence arménienne en Turquie. Les catastrophes se succédèrent : les massacres de Marache et de Hadjin[49],

---

46 Le traité de Sèvres fut signé le 10 août 1920, à Sèvres (près de Paris), entre les Alliés (principalement France et Grande-Bretagne) et l'Empire ottoman. Le traité de Sèvres, non ratifié par tous les signataires, est finalement révisé par le traité de Lausanne (24 juillet 1923), conclu avec la Turquie moderne d'Atatürk. L'indépendance de l'Arménie, prévue dans le premier, ne figure plus dans le deuxième.

47 Voir note 43.

48 Allusion à la campagne de Cilicie (1919-1921), qui se termina par le retrait des troupes françaises devant les assauts répétés des révolutionnaires turcs.

49 Village des monts Taurus, dans la province d'Adana. Théâtre de

l'abandon de la Cilicie, dont je viens de parler, suivi de l'exode de la population chrétienne, la conquête[50] et l'incendie de Smyrne[51] avec les horreurs qui y furent alors perpétrées, la restitution de Constantinople[52] par les Alliés et le retour de la domination turque, l'expulsion presque totale des derniers Arméniens vivant encore en Turquie, voilà ce qui arriva alors qu'on attendait une Arménie libre et indépendante.

---

massacres d'Arméniens en 1896, 1909 et 1920.

50 Par les troupes turques, en septembre 1922. La ville avait été occupée par l'armée grecque en mai 1919.

51 L'incendie de Smyrne (aujourd'hui Izmir) eut lieu le 13 septembre 1922. Il détruisit la majeure partie de la cité portuaire. Il fut déclenché (les responsabilités ne sont pas clairement établies) dans le contexte de la Deuxième Guerre gréco-turque (1919-1922) et fut accompagné du massacre de nombreux chrétiens anatoliens, grecs et arméniens.

52 La ville fut occupée par les Alliés de 1918 à 1923.

Chapitre 10

« Dans la mauvaise et la bonne réputation » [53]

Le peuple arménien n'a pas que les Turcs et les Kurdes pour ennemis, il a aussi des adversaires chez nous. On dit que les Arméniens sont antipathiques, qu'ils nous sont moralement inférieurs. Toute sorte de slogans circulent sur leur compte, colportés de bouche à oreille. On entend des condamnations d'une dureté incroyable. Même si les Arméniens avaient tous les défauts dont on les accuse, on pourrait encore se demander s'il est humain, je ne dis même pas s'il est chrétien, de toujours dénoncer les prétendues tares, voire les véritables tares, d'un peuple qui a tant souffert.

À ces jugements notoirement méprisants nous aimerions répondre ceci : 1.- Les Arméniens ne sont pas toujours les « mercantis roués » et les « hyper-juifs » pour lesquels on les tient, pour la bonne et simple raison que soixante-dix pour cent de la population sont des agriculteurs. 2.- En Orient, l'Européen moyen ne rencontre en général des Arméniens qu'à Constantinople ou dans certaines villes côtières. Dans ces endroits ce sont tout naturellement des marchands qui abordent l'Européen. Par contre, la plupart des voyageurs ne font jamais connaissance avec l'Arménien d'un niveau social plus élevé, le commerçant qui a pignon sur rue, le médecin,

---

53 2ème *Épître aux Corinthiens* 6,8

l'universitaire, etc., et ne savent rien de sa vie de famille ni de sa culture. 3.- On prétend que les Turcs haïssaient les Arméniens parce que ceux-ci « leur suçaient le sang ». Mais si tel est indolent et tel autre industrieux, n'importe où dans le monde le bien de celui-là diminuera et celui de l'autre augmentera. Il faut avoir vraiment connu la nonchalance du Turc moyen et, en face, l'ardeur au travail de l'Arménien pour bien comprendre tout le problème.[54] 4.- Il faut avouer que certains Arméniens ne faisaient parfois pas seulement preuve d'habileté et d'ardeur au travail, mais aussi de ruse et de rouerie. Mais avant de porter un jugement songeons au niveau moral moyen de l'Orient, où un peu de tromperie passe plutôt pour une preuve d'intelligence digne d'admiration que pour une malhonnêteté. Il faut tenir compte de cela si on veut juger les Arméniens. Si, comme d'aucuns l'affirment, l'Arménien s'élève à l'occasion au-dessus de ce niveau, il ne le doit qu'à sa plus grande intelligence. De deux individus madrés, le plus intelligent des deux sera aussi, sans nul doute, le plus madré ! Mais en vertu de cette loi il faut aussi constater que l'Arménien s'élève habituellement au-dessus de ce niveau moyen non seulement dans le mal, mais aussi dans le bien.

Une missionnaire de ma connaissance s'entendit un jour demander : « Est-il vrai que les Arméniens sont souvent de mauvaises gens ? » Elle répondit de façon pertinente : « Vous ne pouvez imaginer à quel point ils peuvent être mauvais, mais aussi à quel point ils peuvent être bons ! »

---

54 Une opinion apparemment répandue à l'époque. Un autre témoin direct du génocide, le dominicain français Jacques Rhétoré, écrivait : « Les Turcs sont des ennemis-nés de la prospérité des chrétiens ; paresseux de nature, ils ne peuvent supporter que la situation matérielle du chrétien, vil raïa, soit meilleure que la leur. », *Les Chrétiens aux bêtes,* Cerf, 2005, p. 122.

5.- Pour comprendre le caractère arménien il faut absolument tenir compte aussi de l'oppression pluriséculaire. L'unique arme des faibles et des impuissants contre ceux qui ont pour eux la force, c'est la ruse et la tromperie. Cela a peut-être laissé des traces dans le caractère arménien. Ce n'est que dans la liberté que peut fleurir une moralité véritable et entière. Que l'on donne à ce peuple l'occasion de s'épanouir dans la liberté, et l'on aura de bonnes surprises !

Ce que nous avons dit des capacités des Arméniens permet de nourrir de tels espoirs. Même pendant la période des persécutions on pouvait observer l'étonnante énergie vitale et le talent de ce peuple. C'est incroyablement vite que certains, qui hier encore étaient de misérables réfugiés rescapés du désert, sont parvenus à se refaire une situation, dès qu'ils ont pu vivre dans des conditions plus ou moins supportables. Il faut soutenir ce peuple dans la détresse ; si notre aide peut être utile quelque part, c'est chez lui, et il nous le rendra au centuple. On peut déjà le voir dans les colonies agricoles que l'on a créées en Syrie, qui se développent bien et dont on ne peut que regretter que le manque de moyens ne leur permette pas un développement plus rapide.

Pour ne pas nous limiter à notre propre avis, en voici d'autres. Lorsque en 1926, en Syrie, nous avons demandé au général français B., alors gouverneur de la région d'Alep, s'il pensait que l'immigration des Arméniens en France pouvait être utile et dans l'intérêt de notre pays, il répondit : « Mais pourquoi pas ? De tous les peuples d'Orient le peuple arménien est celui qui nous est le plus proche. » Tout aussi favorable fut la réponse d'un autre gouverneur français d'une province syrienne, lequel souhaitait voir des Arméniens s'installer dans son territoire, car il les tenait pour un peuple travailleur, sérieux, frugal, capable de n'importe quel travail, et dont la venue ne pouvait être qu'une bénédiction pour le pays. Voilà ce que disaient du peuple arménien des gens qui s'y connaissaient.

Les lecteurs de ces lignes n'avaient pas besoin de ces précisions pour se faire une droite opinion au sujet des Arméniens. Ils ne savent que trop que Dieu est à l'œuvre dans ce peuple. Une nation où, au plus profond de la détresse, il s'est trouvé tant de chrétiens solides, a droit à notre affection et à notre haute estime, aussi détestables que puissent être certains de ses membres. Et il n'aura pas été inutile d'avoir, pour une fois, remis les nombreux jugements hostiles dans la bonne perspective.

Chapitre 11

Et la cause de l'Évangile ?

On peut aborder la question arménienne sous l'angle politique. Alors elle est un exemple terriblement éloquent du fait que la politique est dictée par le monstre froid de l'égoïsme national. On a défendu la cause de l'Arménie aussi longtemps que l'on n'avait rien à y perdre. Dès qu'il apparut qu'il serait plus intéressant de s'entendre avec les bourreaux de l'Arménie, on laissa de nouveau tomber cette malheureuse nation, en dépit de toutes les promesses et de tous les traités, et malgré la proclamation du droit des petites nations.

On peut aborder la question arménienne sous l'angle de la philanthropie. Dans ce cas, l'amour du prochain trouve un immense chantier où se mettre à l'œuvre. Des échos nous parviennent des souffrances incommensurables d'un peuple laminé, de la misère de réfugiés apatrides, de dizaines de milliers d'orphelins arméniens, d'innombrables veuves, de vieillards, de malades, de femmes et de jeunes filles soumises à un ignoble esclavage dans des maisons musulmanes et dans des harems où elles se morfondent, etc. Mille questions se posent à nous : comment aider ce malheureux peuple à se remettre debout, comment lui procurer une patrie, comment panser ses blessures, comment éduquer sa jeunesse et lui donner une formation ? Et bien d'autres problèmes encore.

On peut aussi aborder la question arménienne d'un

autre point de vue : celui du royaume de Dieu. Que signifie, pour la cause du christianisme là-bas, pour la construction du royaume de Dieu, cette catastrophe qui s'est abattue sur un peuple chrétien d'Orient ?

Dans l'immédiat, les perspectives sont tristes et décourageantes. La chrétienté y semble à tous égards fort mal en point : le nombre des chrétiens a fortement diminué, dans la Turquie d'Asie mineure le christianisme a été pour ainsi dire éliminé. Les survivants sont dispersés et mènent une vie de réfugiés apatrides ; personne ne sait ce qu'il adviendra d'eux. Toutes leurs structures ecclésiastiques ainsi que leur enseignement chrétien sont gravement désorganisés, voire anéantis. L'expulsion du pays natal et le déracinement, la vie dans le désert et sur les routes pendant des années, l'absence de pastorale spirituelle, tout cela a eu de mauvaises conséquences tant sur le plan spirituel que sur le plan moral. Ajoutons à cela les mises en causes provoquées par les souffrances. Ils sont légion ceux qui se sont effondrés intérieurement, les égarés, les désespérés, ceux qui sont pleins de ressentiment contre Dieu et les hommes. Et ce serait vraiment le coup le plus dur que l'islam aurait porté à la chrétienté si, non content de réduire drastiquement le nombre des chrétiens, il avait en outre obtenu que les survivants, après tant de souffrances, perdent la foi. De fait, c'est en grande partie le cas, mais seulement en grande partie !

Des nouvelles nous parviennent, qui nous permettent de nourrir quelque espoir pour la cause de l'Évangile. Celui-ci, au cours des malheurs passés, est apparu comme une véritable « puissance de Dieu »[55] ; il fut donné à celui qui

55 *1ère Épître aux Corinthiens* 2,5

écrit ces lignes de vivre cette formidable expérience et de pouvoir en témoigner.

Voici quelques exemples, dont certains sont de l'époque de la guerre, et d'autres du temps immédiatement postérieur aux persécutions.

Je pense tout d'abord à ces braves femmes, si éprouvées, qui travaillaient dans notre "Foyer du Soldat" à Alep ; parmi elles il y avait des croyantes d'une profonde piété, des enfants de Dieu qui priaient avec ferveur. C'est bien volontiers qu'à leur demande nous leur accordions dans la semaine des heures de liberté qu'elles voulaient consacrer à la lecture de la Bible et à la prière. Comme elles chérissaient l'Écriture Sainte ! Mais n'avaient-elles pas fait l'expérience de ce qui est écrit dans le *Psaume* 119, au verset 92 : « Si ta loi n'eût fait mes délices, / je périssais dans la misère » ?

Un jour nous fîmes la connaissance d'une vieille femme. Elle était originaire de Hassan Beyli, un village arménien des monts Amanus[56] qui avait été détruit. Jadis elle avait aussi servi à son maître d'aide-catéchiste (*Bibelfrau*). Maintenant, elle se retrouvait pauvre et misérable à Alep. Elle avait tout perdu, fils et filles, petits-fils et petites-filles. Comme d'habitude, certains étaient morts, les autres avaient été assassinés. C'est ainsi que sur ses vieux jours elle s'était retrouvée dans la misère et complètement seule. Ne devait-elle pas, elle aussi, se demander avec angoisse pourquoi Dieu la conduisait par des chemins si durs et si obscurs ? À cette question elle trouva une réponse. « Maintenant je pense souvent à cette histoire que j'ai lue un jour à propos d'un arbre », me dit-

56 Aujourd'hui Monts Nur (en turc Nur Dağlari, « monts de la lumière »). Chaîne de montagnes du sud-est de la Turquie.

elle. « Il était couvert de feuilles vertes et fleurissait ; mais un jour des hommes sont venus qui ont coupé ses branches, puis l'ont abattu à la cognée. L'arbre était profondément troublé et ne comprenait pas ce qui lui arrivait. Mais les hommes ont pris le tronc, l'ont évidé, puis utilisé pour canaliser l'eau d'une source qui s'écoulait à côté du chemin. C'est ainsi qu'il est devenu une fontaine à laquelle bon nombre de passants sont venus se rafraîchir. C'est exactement ce qui m'est arrivé ! », dit la vieille femme. « Mes branches, je veux dire mes enfants et mes petits-enfants, m'ont été arrachées ; on m'a chassée de mon pays natal, on m'a déracinée ; je ne suis plus qu'un vieux tronc creux. Mais peut-être Dieu peut-il encore me faire servir à quelque chose, de sorte que je sois source de grâce pour d'autres. » Vraiment, quelle foi et quelle fidélité ! Dieu ne les abandonnera certainement pas.

À Beyrouth, je me suis entretenu avec un des Arméniens qui allaient participer à une session biblique. Il était originaire de la ville turque de H., où il y eut encore, longtemps après la guerre, un massacre. Parmi les nombreuses horreurs qui furent commises là il arriva aussi que les persécuteurs s'emparent des enfants arméniens d'un orphelinat, les entraînent jusqu'au château de la ville, et s'amusent à les jeter l'un après l'autre dans un grand feu. Pendant ces jours d'épouvante, l'homme perdit d'un coup sa femme et ses sept enfants. Je dois reconnaître que je n'ai pas su quoi lui dire : quelles paroles de sympathie et de consolation peut-on bien trouver face à une telle souffrance ? Mais il n'avait pas besoin d'être consolé ; il était un des piliers du petit groupe qui se réunissait pour puiser consolation et force dans la Parole de Dieu, et il disait lui-même combien sa foi l'avait soutenu et aidé à porter son fardeau.

À Damas une jeune femme me raconta comme elle

perdit d'abord son mari, puis ses enfants, sauf un petit de quatre ans. Avec lui, elle réussit à gagner Damas, mais là il mourut littéralement de faim dans ses bras. (Il y avait suffisamment de pain en ville, mais personne ne leur en donna.) La voilà donc devant le petit cadavre, des gens se rassemblent autour d'elle pour la plaindre. « Mais alors », continua-t-elle, « le Seigneur me donna une telle force que j'ai pu témoigner pour lui : "Et moi, qui restais près de toi, avec toi, je suis sans désir sur la terre." »[57]. Sa foi fit une telle impression sur les autres qu'il se produisit parmi eux un véritable petit réveil.

Ce sont là quelques exemples, pris au hasard, de la grande foi que l'on peut trouver chez ces gens accablés de malheurs. Je pourrais en donner beaucoup d'autres, car il ne s'agit pas de quelques cas isolés, mais ce sont de vastes secteurs parmi les chrétiens arméniens qui sont animés d'une vie spirituelle véritablement forte et profonde. Leur foi a passé l'épreuve la plus dure, celle des souffrances ; ils ont été purifiés par le feu de l'affliction. Leur nombre a certes fondu, apparemment, mais ils sont deux fois plus forts. Dieu ne s'est pas détourné d'eux, mais Il a gardé pour défendre sa cause ceux qui sont restés inébranlables dans leur foi. Ils sont eux-mêmes en paix et seront désormais source de grâce pour d'autres. En eux nous voyons ceux qui ont eu le privilège de devenir, de manière incomparable, les témoins de Jésus en Orient. Et pas seulement aux yeux de leur peuple, mais aussi aux yeux de leurs persécuteurs et bourreaux.

57 *Psaume* 73, 23-25

Chapitre 12

Aimez vos ennemis

Ici se manifeste sans doute la grandeur et la force de la foi chrétienne de la façon la plus claire et la plus sublime ! Chez l'Arménien moyen, certes, on se heurte toujours à une haine impitoyable des ennemis, qui lui ont infligé un traitement innommable. C'est plus fort que lui, dit-il. Cependant, il en est d'autres aussi qui ne se sont pas enlisés dans la haine, mais qui sont disposés à aller au-devant de leurs ennemis, prêts à la réconciliation et au pardon. En eux l'esprit de Jésus a si bien triomphé qu'ils souhaitent même à leurs ennemis de connaître ce qu'ils tiennent pour le plus précieux : le salut en Christ. Beaucoup d'entre eux sont prêts à le leur apporter personnellement ; ils brûlent de le faire, ils le font déjà ! En voici quelques exemples : un prédicateur arménien qui avait tellement souffert qu'il en avait parfois perdu la raison, déclara par la suite qu'il n'avait désormais plus qu'un souhait et que sa vie lui paraîtrait inutile si Dieu ne l'exauçait pas : aller personnellement apporter l'Évangile aux Turcs.

« Si je couche tout cela par écrit », lit-on dans la lettre d'un chrétien arménien datant de l'après-guerre, « je ne le fais pas par esprit de vengeance contre les Turcs, qui nous ont causé tant de maux ; je ne veux que leur décrire la situation misérable qui est ici celle des Arméniens. J'aime les Turcs et je voudrais qu'ils apprennent tous à connaître le Sauveur. Je fais de mon mieux au milieu d'eux, quand l'occasion se présente, pour que certains reconnaissent le Seigneur. » Un exemple montrera avec quel oubli de soi et aussi quelle originalité il accomplit cette mission. Il se trouvait un jour au hammam à Alep, et vit deux Turcs qui attendaient l'employé qui devait, comme c'est la coutume là-bas, les frotter, les savonner, les laver, etc. Aussitôt notre ami arménien prend les instruments nécessaires et commence à s'occuper des Turcs. « Pourquoi fais-tu cela ? Es-tu le masseur du hammam ? Veux-tu gagner de l'argent ? », demandent les Turcs étonnés. « Je ne suis pas le masseur du hammam et je ne fais pas cela pour de l'argent ; c'est pour vous faire plaisir et dans un esprit de charité que je me mets à votre service. Et savez-vous qui m'a enseigné cela ? Je le tiens de notre Seigneur Jésus ! » Et pendant qu'il s'occupe d'eux, les lavant et les savonnant, il leur parle de Jésus.

« C'est la deuxième fois que Dieu m'envoie au milieu des Arabes », nous dit un instituteur arménien réfugié. « Je sais aussi pourquoi il le fait : parce qu'il nous charge de la mission d'apporter l'Évangile à ces mahométans. Je mets toute mon énergie à apprendre l'arabe, afin d'être prêt quand Dieu aura besoin de moi. »

On peut encore rapporter le cas de ces jeunes arméniennes d'une école supérieure de la Mission américaine, qui ont aussi été amenées, sous l'influence de l'Évangile, à pardonner à leurs ennemis. L'une d'elles déclara : « Puisse Dieu ne pas permettre que je meure avant qu'il m'ait été donné de conduire au moins dix âmes musulmanes à Jésus. »

Il y avait à Alep un officier turc qui avait épousé une Arménienne. Elle avait évidemment été obligée de le suivre. En tout cas, il était bon avec elle ; il s'était même rapproché de la foi chrétienne sous son influcnce. Il lui demandait toujours de lui parler de Jésus ; il ne voulait plus se coucher avant qu'elle ne lui eût chanté un cantique ; finalement ils prirent l'habitude de se mettre ensemble à genoux et de prier Jésus. On m'assura qu'elle était une femme très simple, qui savait à peine lire et écrire. Mais elle était une véritable enfant de Dieu, et elle fut ainsi pour son époux turc un guide sur le chemin du Salut. – « … pour gens qui vont mourir, et nous voilà vivants ! »[58] Des gens qui, d'un point de vue humain, auraient dû s'effondrer, restent fermes et deviennent même des conquérants pour la cause de leur Maître ! Et c'est ainsi que s'accomplit encore cette autre parole : « Non, je ne mourrai pas, je vivrai / et publierai les œuvres du Seigneur ! »[59]

58 2ème *Épître aux Corinthiens* 6,9
59 *Psaume* 118, 17

Chapitre 13

« Une belle profession de foi en présence de nombreux témoins »

C'est d'un pasteur protestant arménien, W. T., qui a « fait une belle profession de foi en présence de nombreux témoins »[60], que j'aimerais parler maintenant. À l'occasion d'un culte que j'ai célébré en 1918 dans la belle chapelle de la Mission anglaise auprès des juifs à Damas, j'ai fait la connaissance d'un Norvégien, M. B., qui séjournait en Terre Sainte et y exerçait ses activités en qualité d'ami d'Israël. Notre relation s'est approfondie quand un jour nous nous sommes rencontrés chez ce cher et vénérable missionnaire pour les juifs qu'était Hanauer. Nous en vînmes à évoquer la question arménienne et il me parla de W. T. Ce que j'entendis me donna envie de connaître cet homme, et M. B. accepta volontiers de nous mettre en contact. Il me conduisit par les ruelles labyrinthiques du quartier chrétien de Damas jusqu'à la demeure du prédicateur banni. Il s'agissait d'une maison d'un beau style arabe où il avait trouvé refuge auprès d'une famille chrétienne. Il venait juste de sortir mais devait rentrer bientôt. Nous nous installâmes dans le grand hall ouvert ; devant nous s'étendait la cour ombragée d'une frondaison verte, et la traditionnelle fontaine à jet d'eau. On venait juste de nous servir le café de la bienvenue quand notre ami arriva. C'était un homme encore jeune, vif et sympathique.

---

60 *1ère Épître à Timothée* 6,12

Le cœur du sujet fut vite abordé. Il parla du harcèlement auquel il avait déjà été soumis chez lui à Césarée, comment on le poussait à se convertir à l'islam pour avoir la vie sauve, ce qu'il avait néanmoins refusé ; c'était une interminable et exténuante succession d'arrestations et de remises en liberté, de condamnations et de libérations. Il avait échappé douze fois à la mort pour être finalement condamné à la déportation à Mossoul[61]. Cela signifiait quand même la mort, il le savait bien ! Mais voilà que Dieu lui envoie un secours. Le général allemand Kress von Kressenstein[62] passa par là, en compagnie du ministre turc et commandant en chef Djemal Pacha. W. T. s'adressa au général von Kress, lui décrivit sa situation et le pria d'intercéder en sa faveur auprès de Djemal Pacha. L'intercession fut faite et couronnée de succès. Le déporté fut gracié sur le champ et autorisé à se rendre à Alep.

Plus tard il fut assigné à Damas. Là, il réussit bientôt à trouver du travail ; il rassembla les protestants arméniens qui avaient trouvé refuge dans cette ville et forma avec eux une petite, mais très vivante communauté. Ils célébraient le culte et tenaient leurs réunions dans la peur des espions de la police turque. À cela on trouva une solution qui témoigne d'une réjouissante et émouvante solidarité chrétienne. Il y avait aussi à Damas une petite communauté de protestants syriaques[63] qui avaient le droit de célébrer des cultes. On trouva avec eux l'accord suivant : les Syriaques célébreraient d'abord leur culte, ensuite viendrait le tour des Arméniens. Et afin de

61 Ville d'Irak, sur les deux rives du Tigre.

62 Friedrich Freiherr Kress von Kressenstein (1870-1948), général allemand membre de la mission militaire envoyée en soutien à l'Empire ottoman pendant la Première Guerre mondiale.

63 Syriaques : voir notes 15 et 16.

dissimuler qu'il s'agissait de deux cultes différents les Arméniens venaient tout de suite dès le début du culte syriaque et les Syriaques restaient ensuite en attendant patiemment pendant une heure la fin du culte arménien. Ajoutons que les Syriaques ne comprenaient pas un mot de la langue dans laquelle était tenu le sermon arménien, et les Arméniens ignoraient tout de la langue syriaque. En vérité, voilà un exemple réconfortant d'une authentique communauté de foi et de fraternité chrétienne ! Et le résultat en fut heureux, car le culte, quoique un peu long, passa aux yeux du monde extérieur pour une célébration syriaque et put se dérouler sans alarme.

Nous en vînmes enfin à parler de la dernière mésaventure de W. T., qui pesait encore sur son âme. Il avait dû se rendre au bureau du gouverneur militaire turc ; il s'agissait pour lui de présenter son permis de séjour, mais avant tout d'obtenir une prolongation de son sursis militaire. C'était toujours une démarche dangereuse. Comment savoir s'il n'y avait pas de nouveaux ordres, plus sévères, ou si les autorités locales faisaient encore cas des directives anciennes ? Comment deviner si, par cette démarche, on ne s'exposait pas à de nouvelles persécutions ? Quoi qu'il en fût, il y alla. Et le voilà en effet aussitôt soumis à un interrogatoire par le major turc qui le reçut, mais un interrogatoire un peu particulier, pas celui auquel on pouvait s'attendre. « Ah bon ! Vous êtes donc Arménien et pasteur protestant ? », dit l'officier, et il se mit à lui poser des questions. Il voulait que notre ami lui parle de sa foi et lui explique son point de vue. Le major turc s'intéressait, disait-il, à la religion chrétienne. Il voulait savoir, par exemple, ce que dit le christianisme de l'immortalité. Était-il vraiment possible de croire à l'au-delà et à la résurrection ? Dans la nature ne pouvait-on pas constater le contraire : l'herbe pousse, jaunit puis meurt ;

les animaux vivent, meurent et pourrissent ? Ne devons-nous pas admettre qu'il en est de même de l'homme ? - « C'est bien volontiers », répondit T., « qu'il reprendra le même exemple. Certes, l'herbe et les animaux meurent et pourrissent, apparemment. En réalité, il ne s'agit pas d'une disparition complète, car la mort n'est qu'une dissolution de toutes les choses, lesquelles se décomposent en leurs éléments originels ! Et il en est de même de l'homme ! Le corps étant poussière il retourne à la poussière. Et l'esprit aussi retourne à son origine : il rejoint l'Esprit de Dieu.»

Cela parut lumineux à l'officier ; il demanda encore s'il y avait un enfer ? - « Il n'y a aucun doute là-dessus », répondit T. « Nous les hommes sommes responsables de nos actes. La preuve en est la satisfaction ou bien l'abattement et le remords qu'éprouve notre conscience selon que nous avons fait une bonne ou une mauvaise action. Et puisque nous sommes responsables, Dieu nous demandera des comptes, et notre âme devra expier le mal commis. »

Sur ce point aussi le questionneur s'avoua d'accord ; il était devenu blême, raconta T. La discussion se rapprochait de plus en plus de questions critiques. La situation devenait de plus en plus singulière, car outre que les officiers qui se trouvaient dans la salle lui prêtaient une oreille attentive, d'autres sortaient des différents bureaux pour venir écouter l'étonnante conversation. La salle était assez grande, et environ cinquante officiers, semblerait-il, s'y trouvèrent finalement rassemblés. Le major demanda aussi s'il y avait encore des hommes par la bouche desquels Dieu parle ? « Bien sûr ! », fut la réponse. « Car il y a des hommes qui vivent en étroite communion spirituelle avec Dieu, et c'est à eux que Dieu révèle, encore aujourd'hui, sa Volonté et son Être, afin qu'ils en fassent part aux autres hommes. »

Vint alors la question suivante : « Reconnaissez-vous

Mahomet comme prophète, le plus grand de tous les prophètes ? » Le major turc ajouta, à l'adresse des autres auditeurs, cette remarque : « Il est Arménien, chrétien et prédicateur. Laissons-le tranquillement exprimer son point de vue. Je suis mahométan et souhaite aussi pouvoir exprimer mon point de vue en toute liberté. Personne ne devra toucher à un cheveu de cet Arménien pour ce qu'il pourrait éventuellement nous dire ! » Quelle fut donc la réponse ?

« Un prophète », commença T., « est un homme qui détient la Parole de Dieu et la proclame. Il y a évidemment de plus ou moins grands prophètes ; on peut en juger d'après le contenu de ce qu'ils proclament. Qu'en est-il de Mahomet ? Ce qu'il proclame est écrit dans le Coran. Il vous faudrait donc, pour commencer, discuter du Coran. À ce propos », ajouta-t-il, « il convient d'abord de souligner que Mahomet n'a pas lui-même écrit le Coran ; il est établi qu'il ne savait ni lire ni écrire. Ce sont ses partisans, Abou Bekr[64], Osma[65] et Ali[66] qui auraient couché le Livre par écrit. » Les affirmations de notre pasteur provoquèrent dans l'auditoire un vif étonnement et des contestations. Un officier confirma cependant ses dires ; lui aussi, précisa-t-il, avait déjà entendu que Mahomet n'avait pas écrit lui-même le Coran. Le major, de son côté, essaya de prouver l'importance et la singularité du Coran par le fait qu'on le trouve partout rédigé dans une seule et même langue, mais pas la Bible. - « Ce n'est pas tout à fait exact », répondit T., « la Bible est bien plus répandue que le Coran. Et que l'on ne trouve celui-ci que dans une seule et même langue, en arabe, est plutôt un inconvénient. La Bible a été traduite en

64 Abou Bakr As Siddik (v. 573-634), compagnon de Mahomet, premier calife de l'islam après la mort du Prophète.

65 Othman Ibn Affan (579-656), troisième calife de l'islam.

66 Gendre de Mahomet.

450 langues environ ; chacun peut la lire dans sa propre langue. Elle peut se le permettre car en tant que Vérité divine elle ne craint aucune attaque. De plus, lors de la traduction l'exactitude est obtenue grâce à l'aide de Dieu, par l'assistance de l'Esprit Saint. »

Puis la conversation porta de nouveau sur la personne de Mahomet ; son intérêt s'accrut et elle se fit plus animée car on discuta de la relation de Mahomet à la personne de Jésus. « On avait donc face à face », expliqua notre ami, « d'un côté Mahomet et le Coran (celui-ci remonte évidemment au prophète, même s'il n'a pas été écrit de sa main), de l'autre côté Jésus et la Bible (laquelle contient l'enseignement de Jésus et des apôtres). Pour ce qui est de Mahomet, il est venu après Jésus, et c'est pourquoi ses partisans l'ont considéré comme la dernière et plus haute manifestation de Dieu. Or, dans ce cas, son message devrait être supérieur à celui de Jésus, l'enseignement du Coran devrait être supérieur à celui de la Bible. Mais ce n'est pas du tout le cas. Que ces messieurs de l'auditoire veuillent bien se donner un jour la peine de comparer la Bible et le Coran. Ils reconnaîtraient alors que ce que le Coran a de bon a été pris soit dans l'Ancien, soit dans le Nouveau Testament. Nulle part il ne nous apporte quelque chose de bon qui soit en même temps nouveau. Comment pourrait-il donc nous apporter quelque chose de meilleur ? »

« Qu'on veuille bien lui permettre encore de comparer le caractère de Mahomet avec celui de Jésus : Jésus était pauvre et célibataire ; Mahomet recherchait le pouvoir et la richesse, et il a mené une vie confortable en compagnie de nombreuses femmes ! Jésus est mort pour les hommes ! Mahomet tua et fit tuer ! Oui, on pourrait continuer ainsi, mais il préférerait laisser le Coran et l'islam parler d'eux-mêmes : Mahomet repose dans son tombeau, que l'on fait visiter. Jésus par contre est ressuscité des morts, comme l'enseigne aussi l'Islam. Ce que l'on sait de Mahomet, et que l'on enseigne, ne va pas au-delà du jour de sa mort. Au sujet du Christ, les mahométans eux-mêmes croient et enseignent qu'Il reviendra pour le Jugement Dernier. Et à Damas même, la sainte mosquée des Ommeyades n'a-t-elle pas une tour appelée "le minaret de Jésus", et les musulmans ne racontent-ils pas que Jésus, le jour de son retour, descendra du ciel sur ce minaret pour revenir de là sur terre ? Donc l'islam, au fond, enseigne sur Jésus des choses plus élevées que ce qu'il dit de Mahomet, prouvant par là la supériorité de celui-là sur celui-ci. »

On peut imaginer le malaise et l'irritation que produisirent dans le public musulman ces paroles audacieuses, certes, mais non moins pertinentes. Le major poursuivit son investigation : il avait encore, dit-il, une question, à laquelle il lui fallait une réponse : « Les chrétiens affirment que le Christ est Dieu. Qu'est-ce qui leur permet de dire cela ? » - « Tous les hommes », répondit notre ami, « sont pécheurs. Même les plus pieux de l'Ancien Testament commirent des péchés. Un seul échappa à cette condition : Jésus. Il resta pur de tout péché, ce qui prouve qu'il n'était pas un homme comme les autres. Une autre preuve est apportée par les formidables miracles qu'il accomplit. La Nature lui était soumise. Même les esprits, les mauvais esprits, lui durent obéissance. Enfin, il a aussi triomphé de la mort, il a réveillé des défunts et est ressuscité. Tout cela n'aurait pas été possible si Dieu ne l'avait pas habité ; tout cela prouve sa divinité. »

Le major turc était devenu songeur. Tout cela, dit-il, il ne l'avait jamais entendu de cette façon ; il avait maintenant un aperçu différent du christianisme. Et soudain il se tourna vivement vers W. T. et demanda : « Mais dis-moi, est-ce que tu crois vraiment tout cela toi-même ? Tu crois vraiment toi-même en Jésus Christ ? » - « Oh ! », s'exclama l'autre, « ne le vois-tu donc pas ? Me voilà, moi l'Arménien, persécuté et méprisé, devant vous les Turcs ! Moi sans armes, vous armés ; moi tout seul et impuissant, vous nombreux et tellement puissants ! Comment oserais-je m'en prendre à votre foi et la réfuter si je n'étais pas entièrement convaincu de la vérité de ce pour quoi je témoigne, et si je ne savais pas que Jésus Christ est plus puissant que vous ? »

Grande fut l'impression que firent ces paroles. « Si je n'étais pas musulman, ou si je voulais changer de religion, je me ferais protestant comme toi », déclara le major en le remerciant pour tout ce qu'il avait dit, et il le renvoya très courtoisement. Lorsque T. dut s'y présenter de nouveau, l'officier l'accueillit d'emblée par cette joyeuse exclamation : « Tiens ! Voilà notre prédicateur protestant ! » Il le pressa aussi de lui rendre visite chez lui pour poursuivre la conversation.

Pour nous, à l'époque, ce fut une vraie prise de conscience : ces Arméniens étaient une *aeterna gens*, une espèce impossible à abattre, ni extérieurement, ni intérieurement. Et c'est en voyant ces chrétiens arméniens qu'alors, pour la première fois, je me suis souvenu de cette parole : « tenus pour gens qu'on châtie, mais sans les mettre à mort ; pour gens qui vont mourir, et nous voilà vivants ! »[67]

Mais il faut dire aussi un mot de l'épouse de notre ami T. ; elle était en tout point digne de lui. Elle était

---

67 2ème *Épître aux Corinthiens* 6,9

restée à Césarée, vivant dans le chagrin et se faisant du souci pour son mari expulsé ; elle n'avait pas non plus été épargnée par le malheur. Ainsi, par exemple, un de ses enfants s'était cassé une jambe et était soigné par un médecin turc. Celui-ci, voyant sa patience et sa confiance en Dieu, s'en étonna. Leurs conversations finirent par aborder la question de la religion, et elles reprenaient à chaque visite du médecin. Celui-ci, un mahométan manifestement sérieux et en recherche, en fut profondément impressionné. Quel en fut finalement le résultat ? Il adressa lui-même une lettre au pasteur T. : « Si un jour tu reviens, tu trouveras un médecin turc devenu chrétien convaincu. » La femme, de son côté, écrivit à son mari : « Si les souffrances du peuple arménien doivent servir à faire de nous des messagers de Dieu auprès des mahométans, nous ne pouvons faire que cette prière : "Seigneur, envoie-nous plus de souffrances encore, afin que nous soyons vraiment prêts." »

Un tel point de vue ne doit-il pas nous sembler surhumain ? Quoi qu'il en soit, nous ne pouvons que joindre les mains pour remercier Celui qui peut réaliser de tels miracles dans le cœur de l'homme ! Et qui nous envoie de telles lueurs d'espoir au milieu des douloureuses ténèbres de la question arménienne. « Oui, si c'était là la réponse à l'énigme de nos souffrances », dirent un jour des chrétiens arméniens au cours d'une conversation qui avait porté sur les faits que je viens d'évoquer, « si Dieu avait le projet de se servir de notre peuple de manière particulière pour son message auprès des mahométans, ce serait une réponse magnifique ; par amour de Lui nous serions heureux d'avoir tant souffert. »

De notre côté nous voulons dire encore une fois combien nous sommes réconfortés de voir une foi si forte, un tel courage dans la profession de foi, courage digne des Apôtres pour ainsi dire. Et cela dans ce pauvre peuple, ce peuple massacré ! Vraiment, « comme mourants, et voici nous vivons ! »

La conversation évoquée ci-dessus peut, pour finir, nous ouvrir des perspectives de réconciliation pour ce qui concerne les Turcs. Nous espérons de toute façon que nos lecteurs, indignés par les souffrances des Arméniens, ne se laisseront pas aller à des généralisations abusives ni à une condamnation de tous les Turcs. Ils sont loin d'être tous coupables d'avoir participé au massacre des Arméniens, ni même la majorité d'entre eux. Et même dans les cas où la population s'en est prise aux Arméniens il nous faut mettre bien des excès sur le compte des habitudes cruelles de l'Orient et de l'aveuglement causé par le fanatisme nationaliste et religieux. Cela ne doit pas nous induire en erreur sur le caractère du peuple turc, lequel est, dans l'ensemble, sympathique, brave et ingénu.

Nos récits n'ont pas d'autre but que de susciter de la compréhension, de l'amour et du respect pour un peuple infortuné. Puissent-ils en même temps témoigner de ce que Dieu a réalisé dans ce peuple, qu'Il est aussi à l'œuvre et bâtit son royaume là où nous n'avons cru voir que destruction et anéantissement.

Annexe

Historique des souffrances des Arméniens

L'épouvantable destinée d'un peuple chrétien

1. Les **massacres** des chrétiens arméniens de 1895-1896 coûtent la vie à environ 100 000 victimes. D'autres persécutions de moindre envergure, en particulier les tueries en Cilicie de 1909, causent aussi quelques milliers de morts.

2. Les déportations des Arméniens par les Turcs en 1915-1916 font d'innombrables victimes ; de surcroît, ces déportations dégénèrent en véritables massacres de masse. Par centaines, par milliers, souvent par dizaines de milliers, les Arméniens sont fusillés, égorgés, noyés, entassés dans des maisons auxquelles on met le feu, ou livrés systématiquement à la mort par inanition au milieu du désert. **Plus d'un million de morts**.

3. Au cours des années 1918-1920 : effondrement de la Turquie et apparemment fin des malheurs. Une partie des déportés rentrent chez eux, dans la mesure où le pays est occupé par les Alliés ; mais déjà, çà et là, quelques attaques de la part de bandes turques, quelques massacres de plus ou moins d'importance, comme à Marache en 1920, où il y eut 10 000 victimes.

4. **Nouvelle catastrophe** : en 1921 les Alliés évacuent la Cilicie et l'abandonnent aux insurgés turcs. Fuite éperdue de la population chrétienne, qui venait à peine de retrouver un toit, devant l'arrivée des persécuteurs. Perte définitive du pays natal. Grande misère

des réfugiés en Syrie.

5. Les Arméniens qui s'étaient réfugiés à Smyrne sont de nouveau durement frappés en septembre 1922 lorsque les Turcs prennent la ville. Ils s'enfuient, du moins ceux qui le peuvent, en direction de la Grèce et des Balkans. De même les Arméniens de Constantinople et des environs doivent prendre la fuite quand les Alliés évacuent la zone. Des milliers de réfugiés arméniens s'installent aussi en France.

6. Les **derniers survivants** de la chrétienté arménienne en Turquie sont **expulsés** de leur pays natal, ils se réfugient le plus souvent en **Syrie.** Ainsi, le christianisme est pratiquement éradiqué de la Turquie d'Asie ; un fait de grande portée dans l'histoire du monde.

Résultat : un peuple harcelé, presque laminé, sans patrie, saignant d'innombrables plaies, attend de l'aide.

TABLE DES MATIÈRES

L'HARMATTAN ITALIA
Via Degli Artisti 15; 10124 Torino

L'HARMATTAN HONGRIE
Könyvesbolt ; Kossuth L. u. 14-16
1053 Budapest

L'HARMATTAN KINSHASA
185, avenue Nyangwe
Commune de Lingwala
Kinshasa, R.D. Congo
(00243) 998697603 ou (00243) 999229662

L'HARMATTAN CONGO
67, av. E. P. Lumumba
Bât. – Congo Pharmacie (Bib. Nat.)
BP2874 Brazzaville
harmattan.congo@yahoo.fr

L'HARMATTAN GUINÉE
Almamya Rue KA 028, en face
du restaurant Le Cèdre
OKB agency BP 3470 Conakry
(00224) 657 20 85 08 / 664 28 91 96
harmattanguinee@yahoo.fr

L'HARMATTAN MALI
Rue 73, Porte 536, Niamakoro,
Cité Unicef, Bamako
Tél. 00 (223) 20205724 / +(223) 76378082
poudiougopaul@yahoo.fr
pp.harmattan@gmail.com

L'HARMATTAN CAMEROUN
BP 11486
Face à la SNI, immeuble Don Bosco
Yaoundé
(00237) 99 76 61 66
harmattancam@yahoo.fr

L'HARMATTAN CÔTE D'IVOIRE
Résidence Karl / cité des arts
Abidjan-Cocody 03 BP 1588 Abidjan 03
(00225) 05 77 87 31
etien_nda@yahoo.fr

L'HARMATTAN BURKINA
Penou Achille Some
Ouagadougou
(+226) 70 26 88 27

L'HARMATTAN SÉNÉGAL
10 VDN en face Mermoz, après le pont de Fann
BP 45034 Dakar Fann
33 825 98 58 / 33 860 9858
senharmattan@gmail.com / senlibraire@gmail.com
www.harmattansenegal.com

L'HARMATTAN BÉNIN
ISOR-BENIN
01 BP 359 COTONOU-RP
Quartier Gbèdjromèdé,
Rue Agbélenco, Lot 1247 I
Tél : 00 229 21 32 53 79
christian_dablaka123@yahoo.fr

632811 - Décembre 2015
Achevé d'imprimer par

1livre.com
du rêve à la réalité !